콕

짚어주는
성경풀이

콕! 시리즈 1 종합편

콕 짚어주는 성경풀이

이종호 지음

BM 성안당
www.cyber.co.kr

정말 답답했습니다!

모든 사람은 소원(所願)을 가지고 삽니다. 어떤 이는 교수가 되는 것, 어떤 이는 대기업의 총수 또 어떤 이는 정치인, 군인, 사업가 등의 소원을 가지고 있습니다. 그렇게 사람들이 모든 소원을 가지고 살아가는 이유는 뭡니까? 결국 '행복(幸福)'해지고 싶다는 마음이 아닐까요? 행복을 위한 공부, 행복을 위한 지위, 계급, 사업인 것입니다. 그러나 이 모든 것들은 진정한 행복을 줄 수 없는 유한하고, 상대적인 가치들에 불과합니다. 그렇다면 모든 사람들이 추구하는 삶의 행복을 찾고 누리기 위해 어떻게 해야 할까요? 저는 그 해답이 바로 '성경(聖經)' 안에 있다고 확신합니다. 행복한 삶, 승리의 삶의 비결이 바로 성경 안에 놓여 있는 것입니다.

그래서 사도 바울은 디모데후서 4장 7~8절 말씀에서 '내가 선한 싸움을 싸우고 나의 달려갈 길을 마치고 믿음을 지켰으니 이제 후로는 나를 위하여 의의 면류관이 예비되었으므로 주 곧 의로우신 재판장이 그 날에 내게 주실 것이니 내게만 아니라 주의 나타나심을 사모하는 모든 자에게니라'고 성경대로 살았던 승리의 인생을 고백하였습니다. 바울은 하나님의 말씀을 따라 달려갔고 주님의 말씀을 의지했기 때문에, 믿음을 지킬 수 있었고 의의 면류관을 받는 축복을 얻게 된 것입니다.

기독교의 생명은 성경입니다. 기독교인의 삶의 중심도 성경입니다. 바울이 디모데에게 성경을 중심으로 하는 거룩한 삶을 살아야 한다고 권면한 것은 예전이나 지금이나 동일한 가르침입니다(딤전 4:5, 딤후 3:14~17).

참으로 모든 성경은 하나님의 감동으로 된 것이며 교훈과 책망과 바르게 함과 의로 교육하기에 유익합니다. 그리고 그 성경이 우리를 하나님의 사람으로 온전케 하며 모든 선한 일을 행하기에 온전케 해 줍니다(딤후 3:16~17). 따라서 성경 중심의 삶을 살게 될 때 우리는 행복한 인생, 승리의 인생을 살 수 있습니다.

그런데 오늘날 많은 사람들이 성경을 가까이하지 않고 있습니다. 그 이유는 성경이 '어렵다'는 것입니다. 성경에 있는 수많은 지명, 이름, 언어, 문화, 풍습, 각종 직분(왕, 선지자, 제사장 등)이 너무 복잡하다는 것입니다. 저자는 성경이 머리에 잘 들어오지 않는다는 말들을 (지난 36년간의 목회 현장에서) 너무나 많이 들었습니다. 그래서 그런 부분을 '콕' 짚어서 파워포인트(PPT)와 함께 정리해 보았습니다.

이 책을 통해 '성경의 내용이 한눈에 쏙 들어온다면 얼마나 좋을까?'라는 기대를 가져 봅니다. '성경 속에 담겨 있는 가슴 설레는 이야기들을 사랑하는 자녀나 성도들에게 재미있게 들려줄 수 있다면 얼마나 멋있을까?'라는 소망도 품어 보았습니다.

이런 생각은 보다 성숙한 신앙생활을 하고 싶은 성도들도 한 번쯤은 가지게 되는 생각일 것입니다. 또 그런 성도들을 인도하는 목회자들도 성경을 더 알고 싶은 갈급함이 분명 있으리라고 생각합니다. 이런 고민들을 하나님께 아뢰며 지혜를 구하고, 하나님의 도우심으로 이 책이 시작되었음을 고백합니다.

책을 써내려가는 중간에 여러 우여곡절이 있었지만 하나님께서 이 책의 마지막까지 권념(眷念)해주셨기에 무사히 완성될 수 있었음을 생각해 보며, 다시금 그동안 함께하셨던 하나님께 모든 감사와 영광을 올려드립니다.

읽는 독자들이 이 책을 통해 다시금 성경으로 되돌아가서 성경 중심의 삶을 살아가는 은혜가 있기를 간절히 바랍니다. 15세기 1495년 중엽, 발달된 인쇄술의 영향으로 성경이 대량으로 보급되어 종교개혁의 밑거름이 되었던 것처럼, 이 책이 어렵고 딱딱하게만 느껴졌던 성

것을 더욱 쉽게 이해시켜주는 귀한 밑거름이 되기를 간절히 소망합니다. 끝으로 이 책이 나오기까지 함께 관심을 가져주었던 김연희 목사님을 비롯한 이원봉, 문인식, 목승우, 이유성, 이대복, 김시년, 이남혁, 김연호 목사와 이주희, 김은총, 이종찬, 문정수, 장재혁, 박수정 전도사와 윤보람 간사 및 기도와 물질로 함께 해주신 평화교회 성도님들께 감사드립니다.

2016년 8월

평화교회 담임목사 이 종 호

CONTENTS

PART 4

기다림의 시간 (은총의 시간)

PART 5

보여요, 성경이!

PART 6

얼마나 될까?

PART 7

어디에 있을까?

PART 1

내 손에
성경이 들려지기까지

성경은 어떻게 우리 손에 들려지게 되었을까요? 하늘에서 뚝 떨어졌을까요? 아니면 진귀한 보물을 캐듯이 깊은 땅속에서 캐냈을까요? 하나님께서 성경을 우리에게 직접 주신 것은 아니기 때문에, 우리는 성경을 어떻게 알고 접하게 되었는지에 대한 궁금증을 가질 수밖에 없습니다.

성경을 손에 들고 다니는 많은 사람들은 성경이 하나님의 말씀이라고 말합니다. 그리고 그 성경을 신앙의 바로미터로 삼고 성경 중심으로 살아가려고 합니다. 그렇다면 우리 손에 들려진 이 성경은 언제, 어떻게 우리에게 전해지게 되었을까요? 그리고 성경이 알려주고 있는 내용들을 손쉽게 이해하려면 어떠한 관점에서 읽어야 할까요?

이러한 내용들을 먼저 요약된 그림을 통해 살펴보려고 합니다.

성경이 내 손에 들려지기까지 어떤 과정(정경화 과정)을 거쳐 왔는지를 먼저 살펴보고(section 01), 나비 모양으로 성경 전체의 내용을 정리하고(section 02), 구약성경과 신약성경의 구조를 고찰하며(section 03, 04) 그 중심에 예수님이 계시다는 것을 되새겨 보고자 합니다. 또한 성경의 시대 흐름 구조를 밝혀(section 05), 역사의 주인은 하나님이라는 사실을 드러내고자 합니다.

성경이 그저 내 손에 들려 있는 장난감이나 집안에 고이 모셔둔 장식품이 아니라, 정말로 소중한 보물과 같은 귀한 책으로 각자에게 자리매김되기를 소원합니다. 이해하기 어려웠던 성경의 전체 내용과 구조 등을 쉽고도 재미있게 이해해보는 시간이 되기를 바랍니다.

Section 01

성경의 정경화 과정

구 약

- 39권
- A.D. 90년경
- 얌니아 랍비회의(이스라엘)

가톨릭	유대교	개신교
• 70인역 54권 사용 • 트렌트 종교회의(1546년) 외경 7권만 정경으로 채택 • 현재 **46권**	• 얌니아 회의에서 3가지 기준을 가지고(①반드시 히브리어로 쓰여져야 함, ②율법서여야 함, ③예언자적인 영감에 의해서 쓰인 것이어야 함) 54권 중 15권을 뺀 **39권**만을 정경으로 인정함	• 루터 종교개혁 후, 외경을 제외한 **39권** 정경으로 채택

신 약

- 27권
- A.D. 397년, **카르타고 공의회**(튀니지) 결정
- A.D. 419년, 최종 확정(개신교, 가톨릭)

콕 Note

하늘에서 떨어지지 않았어요

성경의 정경화 과정이란, 유대교 또는 기독교에서 예전부터 산발적으로 전해져온 문서들을 선별하여 구약과 신약으로 결정한 과정을 말합니다. 이러한 정경화 과정에서, 구약이 정경화 되는데 중요하게 취급된 문서가 바로 히브리어 성경을 헬라어로 번역한 '70인역'입니다.

이 70인역을 가지고 정경 여부를 검토하는 과정에 얌니아 회의, 카르타고 공의회가 있었고, 이 회의를 통해 유대교와 가톨릭, 개신교의 정경화 과정이 진행되었습니다. 특별히 신약 27권을 정경으로 확정하는 데에는 카르타고 공의회가 있었습니다.

결국 성경은 하늘에서 뚝 떨어진 것이 아니라, 이러한 과정을 통해 우리에게 전달된 것인데, 이에 대해 좀 더 자세히 살펴보고자 합니다.

성경은 구약과 신약으로 구분되는데, 이 성경이 '정경(canon, 正經[1])'으로 채택되는 과정은 다음과 같습니다.

1) 정경
본래 그리스어(語)의 kanòn에서 유래한 말로서, 라틴어 '카논'은 '표준·척도·모델'을 뜻합니다.

구약

❶ '얌니아 랍비회의'와 유대교

구약의 정경화 과정에서 가장 중요한 것은 '얌니아 랍비회의'입니다. 이 회의가 이스라엘에서 열렸을 때, 유대인 랍비들은 '70인역 성경[2]'에 있는 총 54권의 성경 중 39권만을 정경으로 채택하였습니다. 그래서 유대교는 지금까지 정경으로 39권만 인정하고 있습니다. (참고로 유대교는 신약이 없고, 아직도 구약만을 성경으로 인정합니다. 왜냐하면 그들은 오실 '메시아'가 아직 오시지 않았다고 믿기 때문입니다.)

2) 70인역 성경
72명의 랍비들이 알렉산드리아에서 번역하여 B.C. 3세기경부터 사용했던 성경입니다. 이 성경은 총 54권이며 히브리어로 쓰여진 구약성경을 그리스어(헬라어)로 번역한 것입니다.

▶ 얌니아 회의
1. 누가?
– 유대인 랍비들이
2. 어디에서?
– 얌니아에서
3. 무엇을?
– 70인역 성경 중 39권만 정경으로 인정
4. 어떤 기준으로?
① 반드시 히브리어로 쓰여야 함
② 율법서이어야 함
③ 예언자적인 영감에 의해서 쓰인 것이어야 함

❷ 가톨릭

가톨릭은 '70인역'에서 만든 54권을 그대로 사용해왔습니다. 유대교에서 정경으로 인정하는 39권뿐만 아니라 유대교에서 인정하지 않는 외경[3] 15권을 인정한 것입니다. 쉽게 말해서 정경과 대비하여 성경의 선정과정에서 제외된 문서들을 '외경'이라고 합니다. 가톨릭은 1546년 '트렌트 종교회의'에서 15권이 너무 많았다는 이유로 7권만을 정경으로 인정하였습니다. 그래서 가톨릭은 현재 46권의 구약성경을 정경으로 사용하고 있습니다.

3) 외경
외경(Apocrypha, 外經)이란 그리스어 형용사 '아포크리포스(apokryphos : 감추어진)'에서 유래한 말로서, 구약의 '70인역'에는 포함되나 히브리어 성경에 들어가지 않은 것을 가리키는 말입니다.

❸ 개신교

개신교의 정경은 유대교와 마찬가지로 39권입니다. 그러나 유대교와 개신교는 정경을 다르게 분류하고 있습니다. 개신교는 율법서와 역사서 17권, 시가서 5권, 선지서 17권으로 분류하고 있는데, 유대교는 39권에서 사무엘상하, 열왕기상하, 역대상하 등을 통합하여 율법서 5권, 선지서 8권, 성문서 11권으로 분류하였습니다.

개신교는 초기 역사가 가톨릭과 같았으나 마르틴 루터의 종교개혁 이후에 가톨릭과 갈라졌습니다. 루터는 성경을 독일어로 번역하면서 외경을 제외한 39권의 구약성경만을 정경으로 인정하였습니다. 이것이 오늘날까지 개신교의 정경으로 내려오고 있습니다.

신약

4) 카르타고 공의회
현재의 신약성경 27권을 정경으로 확정한 회의입니다. 4차에 걸친 논의 끝에 확정을 내렸으며, 그 기준은 교회의 신뢰성과 정체성, 그리고 신앙의 순수성을 지키기 위함입니다.

신약이 '정경화'되는 과정은 당시 알렉산드리아의 교부였던 '아타나시우스'의 주도로 이루어집니다. 당시 아타나시우스는 A.D. 397년에 '카르타고 공의회[4]'에서 현재의 신약성경 27권의 목록을 정리했습니다. 그리고 A.D. 419년에 다시 모인 '카르타고 공의회'에서 최종 확정을 해서 총 27권의 정경(신약)이 확립되었습니다. 이 27권은 가톨릭이나 개신교가 동일하게 신약 정경으로 사용합니다.

성경은 약 1600년의 긴 세월 동안 40여 명의 저자에 의해 기록되었습니다. 그리고 이 성경이 정경으로 채택되고 완전히 정착되기까지는 A.D. 90년경부터 종교개혁 이후 1647년까지 다소 오랜 기간이 소요되었습니다. 이처럼 하나님의 말씀이 사람을 통해서 기록되었지만 그것이 참된 하나님의 말씀임을 증거하는 과정이 바로 성경의 정경화 과정입니다. 하나님께서는 이러한 정경화 과정을 통해 직접 계시하신 말씀이 결코 하늘에서 떨어진 것이 아님을 우리에게 증거해 주신 것입니다. 이러한 성경을 배우면서 우리도 이 말씀을 바르게 받고, 달고 오묘한 그 말씀의 능력이 우리 안에 생명샘처럼 흐르는 은혜가 있기를 간절히 바랍니다.

Section 02

성경의 구조

콕 Note

나비 모양으로 보는 구속사 이야기

성경의 구조를 파악할 때 한 마리의 '나비'를 연상해 보면 이해하기가 쉽습니다. 나비는 중심에 몸통이 있고 양쪽에 날개가 있습니다. 이와 마찬가지로 신구약 성경도 예수 그리스도를 몸통(중심)으로 하여 왼쪽 날개(구약)와 오른쪽 날개(신약)의 구조로 성경의 구속사가 전개되고 있는데, 그 진행이 왼쪽(구약)은 넓은 영역의 이야기에서 좁은 영역의 이야기로, 그리고 오른쪽(신약)은 좁은 영역의 이야기에서 넓은 영역의 이야기로 대칭의 형태를 이루고 있습니다. 이와 같은 '나비 모양'의 성경 구조를 구속사 관점에서 살펴보고자 합니다.

성경은 일반 서적보다 훨씬 두껍고 내용도 매우 많기 때문에 어떻게 읽어야 할지 망설이기 마련입니다. 그러나 성경이 '나비 모양'의 구조를 가지고 전개되는 책이라는 사실을 먼저 알게 된다면, 성경에 대해 보다 쉽게 접근할 수가 있습니다.

성경의 중심 예수 그리스도

성경의 구조가 나비 모양과 같다는 말은 날개와 날개 사이, 즉 중심이 중요하다는 말입니다. 나비의 중심에 머리, 가슴, 배가 있는 것처럼 성경의 가운데에는 '예수 그리스도'가 있습니다. 성경은 예수 그리스도의 구속사를 중심으로 한 이야기이기 때문에 구약의 마지막이 예수 그리스도이며, 신약의 시작이 예수 그리스도입니다.

구약의 네 가지 큰 그림

구약성경의 이야기는 처음에 넓은 모양으로 시작되어 점점 좁은 모양으로 전개되고 있습니다. 마치 나비의 왼쪽 날개의 모양과 흡사합니다. 이를 자세히 살펴보면 다음과 같습니다.

❶ 온 인류

구약의 이야기는 하나님의 창조로부터 시작됩니다. 창조 이후 타락, 홍수, 바벨탑 등 온 인류의 역사가 이어지는데, 이 역사는 먼저 성경이 가장 큰 그림을 앞서 보여준다는 것을 의미하며 하나님의 위대한 계획과 주권적 섭리로 성경이 시작됨을 알게 해 줍니다.

❷ 선택된 나라 이스라엘

하나님의 계획은 택한 백성을 구속(救贖, redemption)하시기 위한 것입니다. 이것이 아브라함, 이삭, 야곱, 요셉 가문을 통해 이어집니다. 이어서 하나님께서는 하나님의 주권이 인정되는 신정국가를 만드십니다. 그것이 바로 '이스라엘'입니다. 즉 이스라엘을 중심으로 구약의 구속사가 전개되는 것입니다.

❸ 선택된 유다지파

이스라엘의 역사는 북이스라엘의 멸망 후, 남유다의 이야기를 중심으로 전개됩니다. 즉 하나님께 선택된 지파인 유다지파를 통해 장차 오실 메시아의 탄생이 예고되고, 그 유다지파는 이후 바벨론 포로에서 풀려나 유다로 되돌아 온 자들(사 11:11; 미 2:12)로 이어집니다.

❹ 선택된 남은 자

하나님은 이스라엘의 멸망 후 그 땅에 남은 자들을 두었는데(왕하 24:14), 그들이 거룩한 그루터기(사 6:13)가 되어 하나님의 구속사를 이어갑니다.

구약의 이야기는 이렇게 넓은 이야기(확대)에서 좁혀가는 모양(축소)으로 전개됩니다.

신약의 네 가지 큰 그림

신약성경의 내용은 예수 그리스도의 탄생으로부터 시작되는데, 예수님이 십자가에서 죽으심과 부활, 승천 이후에 이어지는 열두 제자의 사역으로 이어집니다. 그러한 교회의 역사는 사도행전의 초대교회에서 열방의 교회들로, 그리고 장차 다시 오실 메시아의 재림이 온 인류에게까지 영향을 미치는 최후 종말과 심판의 내용으로 마무리됩니다.

❶ 열두 제자

예수 그리스도와 함께 했던 열두 제자는 '열두 사도'라고도 불리며 예수님의 공생애 3년의 기간 동안 함께 다니며 예수님으로부터 직접 가르침을 받았습니다. 그들이 모두 예수 그리스도의 십자가 고난과 죽음의 현장에서는 스승을 부인하고 떠났지만, 부활하신 예수 그리스도를 다시 만나 믿음이 회복되었습니다. 그 후 예수 그리스도께서 승천하시면서 주셨던 그 명령을 따라 초대교회의 부흥에 앞장서며 순교하기까지 복음의 삶을 살았던 모습이 신약성경의 전반부를 이루고 있습니다.

❷ 초대교회

사도행전부터 이어지는 초대교회의 모습은 사복음서에서보다 조금 더 확대된 구속사 이야기입니다. 예수 그리스도를 구주로 믿는 무리의 수가 점점 더 늘어나고 교회의 부흥이 예루살렘에서 온 유대로 이어지는 역사가 초대교회의 주요 내용을 이루고 있습니다.

❸ 열방의 교회

구약에서는 하나님께서 이스라엘 백성을 택하시고 하나님의 구속사를 이어가시는데, 신약에서는 예수님과 열두 제자를 중심으로 이어졌던 초대교회 부흥의 역사가 열방의 교회로 이어집니다. '예루살렘과 온 유대와 사마리아와 땅끝까지 이르러 내 증인이 되리라'(행 1:8)고 말씀하신 주님의 지상명령의 성취가 유대인뿐만 아니라 헬라인과 이방인에게까지 이뤄지는 역사입니다.

❹ 온 인류

예수 그리스도를 통한 하나님의 구속사는 온 인류의 최후종말과 심판으로 마무리될 것을 성경은 증거하고 있습니다. 그래서 성경은

'이 천국 복음이 모든 민족에게 증거되기 위하여 온 세상에 전파되리니 그제야 끝이 오리라'(마 24:14)고 말씀하시며 하나님의 구속사가 온 인류에게 전파될 것임을 증거하고 있습니다. 그리고 그 복음이 온 인류에게 전파되는 종말의 때에 예수 그리스도께서 다시 오셔서(재림) 이 세상을 심판할 것임을 증거하고 있습니다.

이처럼 성경은 나비 모양의 구조로 전개됩니다. 그중 오실 메시아를 중심으로 점점 좁아지는 구약의 형태와 오신 메시아와 다시 오실 메시아를 다루고 있는 신약의 형태는 모두 예수 그리스도가 중심에 있습니다. 즉 오직 예수님을 통해서만 구원에 참여할 수 있다는 것을 성경은 강조하고 있습니다. 이러한 성경이 우리를 구원의 역사 가운데로 초대하였음을 기억하며 주님 다시 오실 때까지 그 구원의 역사 가운데 함께하는 복된 삶을 사는 은혜가 있기를 바랍니다.

Section **03**

구약성경의 구조

구약 "39권"

역사서(17권)

모세오경: 창세기, 출애굽기, 레위기, 민수기, 신명기

역사서: 여호수아, 사사기, 룻기, 사무엘상, 사무엘하, 열왕기상, 열왕기하, 역대상, 역대하, 에스라, 느헤미야, 에스더

시가서(5권)

욥기, 시편, 잠언, 전도서, 아가서

선지서(17권)

대선지서: 이사야, 예레미야, 예레미야애가, 에스겔, 다니엘

소선지서: 호세아, 요엘, 아모스, 오바댜, 요나, 미가, 나훔, 하박국, 스바냐, 학개, 스가랴, 말라기

	역사서(17권)	시가서(5권)	선지서(17권)
시제	과거	현재	미래
내용	사건	신앙의 경험	기대
형식	이야기	노래	설교

* 발췌 : 『구약의 파노라마』, (디모데성경연구원).

콕 Note

메시아의 오심이 보여요

성경에서 구약의 이야기는 인류를 구원해 가시는 하나님의 사랑 이야기인데, 그 구원은 반드시 예수 그리스도를 통해 이루어집니다. 이러한 구약성경의 핵심은 타락한 인류를 구원하시는 메시아(예수님)가 오신다는 약속입니다. 창세기(여인의 후손)를 비롯한 모든 구약성경들이 한결같이 '메시아[1]'의 오심을 약속하고 있습니다. 이러한 구약은 역사의 사건들을 주로 다루는 '역사서'가 있고, 역사 속에서 존재했던 사람들의 신앙적 경험을 기준으로 쓰여진 '시가서'와 하나님의 말씀을 예언한 '선지서'로 구성되어 있습니다. 이러한 구조를 좀 더 자세히 살펴보고자 합니다.

1) 메시아
'기름 부음 받은 자'란 뜻이고, 헬라어로는 '그리스도'라는 뜻입니다. 구약시대에는 하나님이 친히 선택하시고, 기름을 부어 구별하여 세운 제사장(출 30:22~30; 레 4:3,5; 시 133:2)과 선지자(왕상 19:16), 왕(삼상 24:10; 왕상 19:15)에게 적용된 용어였으며, 다윗시대를 지나면서 이상적인 왕, 인류가 대망하는 유일한 구세주를 메시아라고 불렀습니다(삼하 7:1~17).

구약성경은 총 39권이며 이를 분류해보면 역사서 17권, 시가서 5권, 선지서 17권으로 나누어집니다. 구조를 먼저 보면 역사서와 선지서가 각각 17권씩 같은 분량이고, 가운데 시가서가 5권으로 중심을 이루고 있습니다.

역사서

역사서는 총 17권인데 이를 다시 모세오경(5권)과 역사서(12권)로 구분할 수 있습니다. 먼저 모세오경은 창세기, 출애굽기, 레위기, 민수기, 신명기이고 역사서는 여호수아, 사사기, 룻기, 사무엘상, 사무엘하, 열왕기상, 열왕기하, 역대상, 역대하, 에스라, 느헤미야, 에스더입니다.

이 17권의 역사서는 모두 과거 시제로 기록되었고, 주요사건들을 이야기 형식으로 전개하고 있는 것이 특징입니다.

시가서

시가서는 총 5권인데 욥기, 시편, 잠언, 전도서, 아가입니다. 이 5권의 시가서는 모두 현재 시제로 기록되었고, 신앙의 경험 등의 이야기를 노래와 같은 시(詩)적형태로 서술하였다는 것이 특징입니다.

선지서

선지서는 총 17권인데, 이를 다시 대선지서(5권)와 소선지서(12권)로 구분할 수 있습니다. 먼저 대선지서는 이사야, 예레미야, 예레미야애가, 에스겔, 다니엘이고 소선지서는 호세아, 요엘, 아모스, 오바댜, 요나, 미가, 나훔, 하박국, 스바냐, 학개, 스가랴, 말라기입니다.

이 17권의 선지서는 모두 미래 시제로 기록되었고, 앞날의 기대를 가지고 선지자들이 하나님의 말씀을 설교하는 형식으로 기록되어 있습니다.

구약성경의 구조를 통해 우리가 알 수 있는 것은 과거 시제의 이야기로부터 미래 시제의 예언의 말씀까지 이어지는 내용들이 균형을 이루고 있다는 것과 뚜렷한 형식이 있다는 것입니다. 이는 아브라함의 하나님, 이삭의 하나님, 야곱의 하나님이 과거의 하나님으로만 끝나는 것이 아니라, 현재 우리에게 살아 역사하시는 하나님이시라는 것을 알려주며, 미래에 다시 오심을 향한 약속으로 이어지고 있다는 것을 뜻합니다.

Section **04**

신약성경의 구조

역사(5권)

- 마태복음(28)
- 마가복음(16)
- 누가복음(24)
- 요한복음(21)
- 사도행전(28)

서신(21권)

- 로마서(16)
- 고전(16)/고후(13)
- 갈라디아서(6)
- 에베소서(6)
- 빌립보서(4)
- 골로새서(4)
- 살전(5)/살후(3)
- 딤전(6)/딤후(4)
- 디도서(3)
- 빌레몬서(1)
- 히브리서(13)
- 야고보서(5)
- 벧전(5)/벧후(3)
- 요한일서(5)
- 요한이서(1)
- 요한삼서(1)
- 유다서(1)

예언(1권)

- 요한계시록(22)

신약 "27권"

	역사	서신	예언
시제	과거	현재	미래
내용	사건	참된 신앙의 권면	기대
형식	이야기	편지	묵시

콕 Note

메시아가 오셨어요

신약성경은 구약성경에서 약속한 메시아(예수님)가 오셔서 메시아적 사명(인류 구원)을 완성하시는 이야기(십자가, 부활, 승천, 그리고 재림)입니다. 그것을 세분화하면 제자들을 통해 구원의 역사가 진행되는 역사서와 성도들의 신앙생활 지침서인 서신서와 예수님의 재림을 약속한 예언서로 구분할 수 있습니다. 이제 신약성경의 구조 안에서 인류의 구원역사를 이루어 가시고, 언약을 성취해 가시는 메시아적 사명을 살펴보고자 합니다.

신약성경은 총 27권이며 이를 분류해보면 역사서 5권, 서신서 21권, 예언서 1권으로 나누어집니다. 구조를 먼저 보면 역사서는 복음서 4권(마태복음, 마가복음, 누가복음, 요한복음)과 사도행전으로 분류할 수 있고, 서신서는 사도 바울이 쓴 서신인 바울서신과 일반서신으로 나눌 수 있습니다.

역사서

역사서는 총 5권인데 이를 다시 복음서(4권)와 역사서(사도행전)로 구분할 수 있습니다. 먼저 복음서는 마태복음, 마가복음, 누가복음, 요한복음이며 이를 '사복음서'라고 합니다. 그리고 그중 마태복음, 마가복음, 누가복음은 공통된 관점에서 쓰였다고 하여 '공관복음'이라고 합니다. 그리고 사도행전은 예수 그리스도의 부활, 승천 이후의 이야기인데, 사도들과 함께했던 초대 교회의 역사가 기록되어 있습니다.

서신서

서신서는 총 21권인데 그중 사도 바울이 13권을 썼고 이를 가리켜 '바울서신'이라고 합니다. 이를 나열해보면 로마서, 고린도전후서, 갈라디아서, 에베소서, 빌립보서, 골로새서, 데살로니가전후서, 디모데전후서, 디도서, 빌레몬서입니다. 바울서신의 특징은 '수신자'에 따라 교회(고린도교회, 에베소교회, 데살로니가교회 등)와 사람(디모데, 디도, 빌레몬)의 이름으로 그 제목이 정해졌다는 것입니다.

일반서신은 총 8권인데 이를 나열해보면 히브리서, 야고보서, 베드로전후서, 요한일서, 요한이서, 요한삼서, 유다서입니다. 일반서신의 특징은 히브리서를 제외한 나머지 성경이 모두 저자의 이름이라는 점입니다.

예언서

예언서는 1권인데, 바로 성경의 제일 마지막에 있는 '요한계시록'입니다. 예언서의 특징은 미래 시제로 앞날에 이루어질 일들에 대한 계시가 기록되어 있다는 것입니다.

신약성경의 구조를 통해 우리가 알 수 있는 것은 예수님께서 우리의 메시아(구세주)로 오신 것부터 시작하여 미래의 심판주로 다시 오실 때까지의 하나님 나라의 역사(구속사)가 그 중심흐름이라는 점입니다. 그러한 구속사의 흐름은 예수 그리스도의 몸 된 교회를 통하여 지금도 이어지고 있습니다. 그리고 메시아 오심의 약속이 이루어졌듯이 복음이 땅끝까지 전파되는 날, 주님께서 이 세상에 반드시 재림하실 것입니다.

Section 05

성경의 시대 흐름 구조

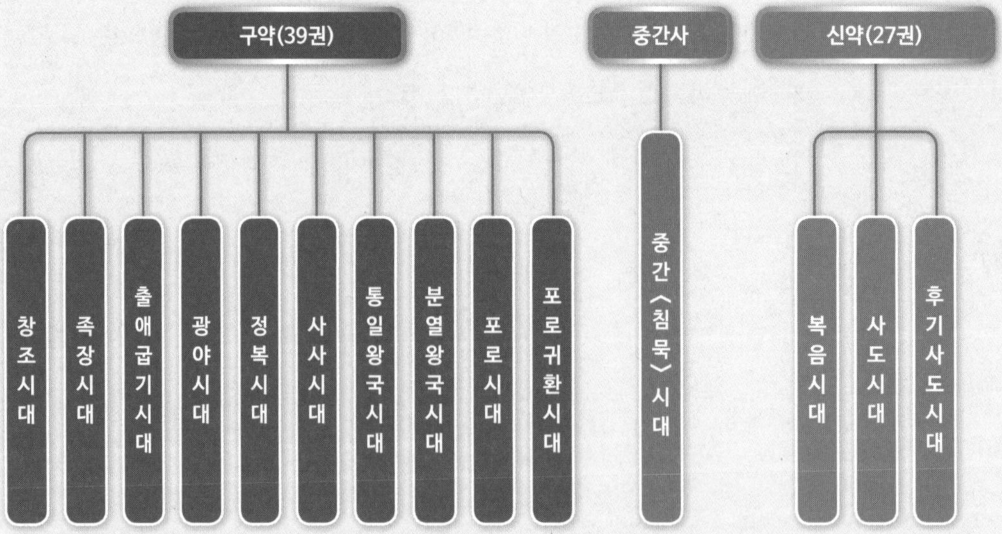

콕 Note

역사의 주인은 하나님

'우주의 시작'과 '인간의 탄생'에 대한 물음의 답은 '하나님의 창조 사역'을 통해 알 수 있습니다. 성경에는 하나님께서 우주만물을 창조하셨고, 인간을 만드셨으며 또한 피조물의 세계를 하나님의 뜻대로 운행하고 계심을 기록하고 있습니다. 예를 들어 지구와 달의 공전과 자전이 질서 있게 이루어지고 있는 것처럼 말입니다. 이처럼 성경은 하나님께서 모든 역사의 주인이 되심을 잘 기록하고 있습니다. 역사의 주인이신 하나님께서 각 시대마다 다루어 가시는 그 하나님의 역사를 살펴보고자 합니다.

성경의 시대적 구조는 크게 세 부분으로 나눌 수 있는데, 구약과 신약 그리고 그사이에 중간사입니다.

구약의 시대 흐름

❶ 창조시대

창조시대는 하나님의 창조역사로부터 시작되는데, 네 가지 중요한 사건들로 구성되어 있습니다. 그것은 바로 창조, 타락, 심판, 바벨탑 사건입니다. 창세기 1~11장까지의 내용이 창조시대의 이야기인데 이를 풀어보면 하나님께서 말씀으로 모든 만물을 창조하신 후 가장 마지막에 최고의 걸작품인 인간을 창조하셨다는 것입니다. 그런데 인간이 선악과를 따먹는 죄를 범하고 하나님과의 관계가 끊어지게 되는 타락의 역사가 시작됩니다. 그 후 계속된 타락의 역사를 심판하시기 위해 하나님께서는 노아와 그 가족들을 제외한 모든 인간을 홍수로 심판하십니다. 이후 인간들은 흩어짐을 면하기 위해서 바벨탑을 쌓게 되고, 그것마저 하나님께서 흩어버리심으로 모든 사람은 창조 이후 온 열방으로 흩어져 살게 됩니다.

❷ 족장시대

족장시대는 창세기 12장부터 50장까지의 이야기인데 4명의 주요 인물들, 즉 아브라함, 이삭, 야곱, 요셉의 이야기를 중심으로 기록되어 있습니다. 그중 아브라함은 '믿음의 조상'으로 첫 출발을 내디딘 족장이며, 이삭은 온유한 순종의 모범이 된 하나님의 사람입니다. 또한 야곱은 둘째 아들로서 은혜를 사모하며 믿음을 배웠으며, 요셉은 믿음으로 가족들을 애굽에 정착시켰습니다.

❸ 출애굽시대

출애굽시대는 하나님께서 모세를 통해 이스라엘 백성을 애굽의 종 되었던 삶에서 하나님이 새롭게 약속한 땅(가나안)으로 인도하시는 역사가 기록되어 있습니다. 이를 통해 택하신 백성을 향한 하나님의 구원하심과 통치하심을 볼 수 있습니다.

❹ 광야시대

광야시대는 이스라엘 백성이 애굽에서 탈출하여 40년 동안 광야에서 생활하던 이야기입니다. 이때의 주요인물은 모세이며, 이 광야 생활을 통해서 하나님은 율법과 성막과 제사의 제도와 여러 절기들, 그리고 거룩한 삶에 대해 가르치십니다.

❺ 정복시대

정복시대의 주요인물은 여호수아입니다. 여호수아는 모세의 뒤를 이어 이스라엘 백성을 광야에서 요단강을 건너 하나님이 약속한 땅 가나안으로 인도합니다. 이때 가나안 땅을 차지하기 위해서 수많은 전쟁을 치르게 되고, 그 전쟁에 결국 승리하여 정복한 땅을 각 지파별로 나누어 주어 그들이 그 땅에 정착하게 됩니다. 이를 통해 이스라엘 백성은 하나님의 주권과 능력을 깨닫고 진정으로 하나님을 경외하는 삶을 살게 됩니다.

❻ 사사시대

여호수아가 죽고 이스라엘은 영적으로 가장 암울하였던 사사시대를 맞이합니다. 이때 이스라엘 백성은 각자 자기 소견에 옳은 대로 행하였으며, 여호와 앞에 죄악을 행하고 그 죄에 진노하시는 하나님의 징계로 말미암아 고난과 괴로움을 당하였으며, 그들이 아픔과 고통 때문에 깨닫고 회개하였을 때, 사사를 통해 구원의 역사를 이루시는 일들이 계속해서 반복됩니다.

❼ 통일왕국시대

통일왕국시대에는 왕이 이스라엘을 다스렸으며 대표적인 인물은 다윗과 그 아들 솔로몬입니다. 여기에 이스라엘의 초대 왕 사울이 있지만 사울은 하나님 앞에 정직하지 못하고 죄를 지어 결국 하나님으로부터 버림을 받습니다.

다윗은 하나님 앞에 순전한 믿음으로 쓰임을 받았으며, 그의 아들 솔로몬이 뒤를 이어 왕이 되어 지혜로 이스라엘을 통치하며 하나님의 성전을 건축하기도 했지만 끝내 우상숭배로 인해 왕국 분열의 원인을 제공하였습니다.

❽ 분열왕국시대

분열왕국시대에는 솔로몬이 죽고 난 후, 북이스라엘과 남유다로 갈라집니다. 이 시기에 왕들은 하나님 앞에 선한 왕과 악한 왕으로 나누어집니다. 그중 선한 왕들은 하나님의 통치를 받들어 나라를 다스리며 '그 조상 다윗의 믿음과 같았더라'는 인정을 하나님께로부터 받게 되었고, 반대로 악한 왕들은 하나님을 무시하고 자신의 개인적, 정치적 욕심으로 공동체를 깨뜨리는 잘못을 합니다. 결국 분열왕국시대는 각각 앗수르와 바벨론제국에 의해 멸망당하고, 이스라엘 백성이 포로로 끌려가는 수모를 당합니다.

❾ 포로시대

포로시대에는 하나님을 버리고 말씀에 순종하지 않았던 이스라엘 백성이 결국 주변의 강대국인 앗수르와 바벨론에 포로로 끌려갑니다. 이때 이스라엘 백성은 각종 고난과 강제적 혼혈정책 등을 겪는 고통 속에서 불순종의 처참한 결과들을 받아들여야만 했습니다.

⑩ 포로귀환시대

포로귀환시대에는 포로 상태로 삶을 살던 이스라엘 백성에게 하나님의 은혜가 임하였습니다. 당시 바사왕 고레스의 포로귀환명령으로 스룹바벨, 에스라, 느헤미야의 인도 속에 총 3회에 걸쳐 귀환합니다. 한편 종교개혁이 이루어지듯이 성벽과 성전의 재건축도 포로귀환 이후 시작되었습니다.

중간사

구약과 신약 사이에 약 400년간의 '중간사'가 있습니다. 이 중간사는 구약의 마지막 선지자 말라기 이후 신약 시대가 열리기 전까지 하나님의 계시가 없는 침묵의 기간을 말합니다. 이 당시 역사적으로는 페르시아, 그리스, 로마 등의 나라들이 있었습니다. 이때는 정치적으로나 종교적으로 매우 어두운 상황이었지만 구속사적으로 볼 때는 메시아의 오심을 준비하는 기간이 되었는데, 이때 로마의 도로가 확장되고, 헬라어가 보급되어 70인역 성경이 번역되었으며 여러 회당들이 만들어지면서 메시아 오심과 복음전파를 준비할 수 있었습니다.

신약의 시대 흐름

신약 시대의 핵심은 예수 그리스도의 구속 사역입니다. 4복음서는 메시아 등장 및 예수 그리스도의 사역을 중심으로 전개되었고, 사도행전은 교회의 형성을 중심으로 그리고 서신서는 그리스도인의 생활을 중심으로, 요한계시록은 예수 그리스도의 재림과 심판에 대한 예언을 중심으로 기록되었습니다. 이러한 신약을 시대 흐름대로 살핀다면 복음시대와 사도시대, 그리고 후기 사도시대로 나눌 수 있습니다.

❶ 복음시대

복음시대에는 성령으로 잉태된 예수 그리스도가 태어나시고, 공생애 기간을 사시면서 행하셨던 행적들이 주된 내용을 이루고 있습니다. 복음시대에는 주로 예수님의 구속 사역이 펼쳐진 가운데 예수님의 말씀 선포, 치유 사역, 가르치심 등을 중심으로 하나님 나라를 계시해 주셨습니다. 그리고 예수님은 온 세상 죄를 담당하기 위하여 십자가에 못 박혀 죽으셨고, 말씀대로 사흘 만에 부활하신 후, 승천하셨습니다.

❷ 사도시대

사도시대는 성령을 받은 제자들이 열방에 흩어져서 교회를 이루고 확장시켜 나가는 역사입니다. 이러한 사도시대는 베드로를 중심으로 한 초대교회의 태동과 바울의 선교 여행으로 구분할 수 있습니다.

❸ 후기 사도시대

후기 사도시대는 초대교회 후반기를 말하며, 대표적인 사도는 사도 요한입니다. 그는 요한복음과 요한서신들을 기록했고, 밧모섬에서 신약의 마지막 책인 요한계시록을 기록하였습니다.

성경의 시대 흐름 구조를 통해 우리가 알 수 있는 것은, 성경이 분명한 역사적 사실이며, 하나님의 말씀이 반드시 성취된다는 진리입니다. 또한 우리는 각 시대마다 속한 문화와 환경과 언어가 다르지만 동일하게 살아계신 하나님의 구속 역사가 그의 택한 백성에게 강한 주권으로 나타나고 있음을 알 수 있습니다. 이러한 하나님의 구속사를 깨닫고 역사의 주인이신 하나님 앞에 우리의 삶을 드려 하나님 나라의 주인공으로 인정받는 은혜가 있기를 바랍니다.

PART 2

하나님과 만나는 길,
동행하는 길

'하나님 만나고 싶어요~ 예수님 만나고 싶어요~♪♬' 어린아이들이 즐겨 부르는 찬양처럼 우리도 하나님을 만나고 싶다고 기도할 때가 종종 있습니다. 나이 많은 어르신들은 '나의 갈 길 다 가도록 예수 인도하시니~♪♬ 주께로 가까이 주께로 가오니~♪♬'라는 찬송가를 신앙을 담아 고백하며 주님과 동행하기를 간절히 갈망하고 있습니다.

하지만 피조물인 인간은 죄로 인해 하나님과의 관계가 깨어졌고 하나님과 관계가 깨어진 인간은 연쇄작용으로 인간관계가 깨어지고, 또한 자연과의 관계도 깨어진 불행한 삶을 살게 되었습니다. 그래서 하나님을 만나고 싶어도 만날 수 없고 하나님의 진노 아래 놓이게 되고야 말았습니다. 이런 인간들에게 최고의 축복으로 주신 제도가 바로 제사와 절기입니다. 죄 용서를 받기 위해 제사를 드리고 하나님과의 깨어진 관계를 회복하기 위해 인간은 절기를 지켜야 합니다. 이것이 하나님을 만나고 하나님과 동행하는 길입니다.

성경에서 믿음의 조상들이 행했던 제사와 절기를 들여다보면 하나님과 인간과의 관계 회복이 어떻게 이루어지는지 잘 알 수 있습니다. 그리고 성막과 같이 다소 어렵고 딱딱하게만 여겨졌던 내용들도 그림을 통해 정리해 보면 쉽게 이해할 수 있을 것입니다.

이 파트에서 각종 제사와 절기들을 그림과 함께 살펴보면서 하나님을 만나는 길, 하나님과 동행하는 길을 깨닫는 시간이 되기를 바랍니다.

Section 06

5제사 7절기

콕 Note

하나님과 만나는 길

하나님께서 죄인인 인간에게 주신 최고의 축복은 무엇일까요? 그것은 바로 제사[1]와 절기입니다. 제사와 절기를 통해 하나님과의 관계가 회복되는 두 가지 길, 즉 죄 용서와 하나님과 동행할 수 있는 길이 열리게 되었습니다. 그래서 '성경에서 그 제사를 어떻게 드렸을까?' 그리고 '제사를 언제(절기) 드렸을까?'를 아는 것이 매우 중요합니다. 성경에 나와 있는 5제사와 7절기를 정리해 보고, 이것들을 주신 영적 의미를 다시금 살펴보고자 합니다.

1) 제사
죄의 회개를 나타내는 제물이나 감사의 예물을 하나님께 드리는 의식을 말합니다. 제사에는 제사 드리는 사람이 제물에 안수할 때 죄가 제물에 전가되고 제물은 그 사람을 대신하여 죽음으로, 죄인이 하나님께 받아들여지게 된다는 의미가 포함되어 있습니다.

5제사

❶ 번제(燔祭, Burnt Offering)

핵심 : 하나님께 헌신

구약 레위기에서 가장 먼저 등장하는 제사는 번제입니다. 하나님께서는 이스라엘 백성이 드려야 하는 번제에 대해 제물과 제사 방법까지 자세히 알려주셨습니다(레 1:3~17).

❷ 소제(素祭, Meat Offering)

핵심 : 하나님께 감사

소제는 레위기 2장에 나오는데, 곡식을 가지고 하나님께 드렸던 제사입니다. 소제는 소제 하나만으로 드려지지는 않았고, 번제나 화목제 등과 함께 드려졌습니다(레 2:1~16).

❸ 화목제(和睦祭, Peace Offering)

핵심 : 하나님과의 관계회복, 이웃과 하나 됨

화목제는 레위기 3장과 7장에 나오는데, 제물을 가지고 일부는 하나님께 화제로 드리고 일부는 제사장과 백성이 함께 나누어 먹으며 하나님과 백성 사이의 화목을 기뻐하고 백성끼리의 교제로도 이어지는 제사입니다(레 3:1~17, 7:11~18).

❹ 속죄제(贖罪祭, Sin Offering)

핵심 : 하나님께 용서함을 받음

속죄제는 레위기 4장에 나오는데, 죄를 지은 인간이 하나님께 죄 용서를 받기 위하여 의무적으로 드려야 했던 제사입니다. 속죄제에 해당하는 제물이나 드리는 방식은 하나님께서 제사장의 경우와 회중의 경우를 나누어 제물과 제사 방식을 알려주셨던 것이 특징입니다(레 4:1~5:13).

❺ 속건제(贖愆祭, Guilt Offering)

핵심 : 하나님과 이웃에게 용서함을 받음

속건제는 레위기 5장 14절부터 나오는데, 하나님의 성물이나 계명 또는 타인의 물건 등에 손해를 입힌 것에 대하여 드리는 제사입니다(레 5:15,17, 6:2~3).

7절기

❶ 유월절(逾越節, Passover)

유월절은 '넘어간다'는 뜻입니다. 출애굽기 12장 1~57절에 그 기원과 방법, 결과를 나타내고 있으며, 이에 근거하는 레위기 23장 4~5절에는 유월절 절기[2)]를 지킬 것을 명하고 있습니다(출 12:3~11).

2) 절기
이스라엘 백성이 하나님을 예배하기 위해 정해진 특정한 날을 말합니다. 절기를 지키라는 명령은 여호와 하나님이 이스라엘 백성에게 내리신 것이었습니다. 특히 이스라엘 남성들은 일 년에 세 번 곧 유월절, 맥추절, 수장절을 지켜야 했습니다(출 23:14~17).

❷ 무교절(無酵節, The Feast of Unleavened Bread)

무교절은 유월절이 끝나는 날부터 7일 동안 무교병을 먹으며 집안에 있는 누룩을 없애고, 애굽의 종살이로부터 구원받은 것을 되새기면서 여호와 하나님께 감사하는 절기입니다(출 13:5~11).

❸ 초실절(初實節, Feast of Firstfruits)

초실절은 보리 추수기의 첫 번째 소산물을 하나님께 바치고 봉헌하기 위한 절기로 무교절 기간 중에 있는 안식일이 지난 그다음 날 행해졌습니다. 이때 수확한 곡식의 첫 단을 제사장께 드려 요제로 드리는 동시에 번제, 소제, 전제를 함께 드렸습니다(출 23:9~14).

❹ 칠칠절(七七節, Feast of Weeks)

칠칠절은 맥추절, 오순절 등으로도 불렸던 절기이며, 보리의 첫 수확물을 여호와 하나님께 드린 날로부터 7주가 지난 그다음 날 곧 초실절로부터 50일째 되는 날, 밀의 첫 추수물을 떡으로 만들어 하나님께 드리는 절기입니다(출 23:15~16).

❺ 나팔절(喇叭節, Feast of Trumpets)

나팔절은 새해 첫날(종교적으로는 7월 1일)을 맞이하여 새해의 출발을 알리는 나팔을 불어 그동안 지켜주신 여호와의 은혜에 감사하며, 그날을 온전히 여호와께 헌신하기 위한 안식일로 특별히 기념하였던 절기입니다(레 23:24).

❻ 속죄일(贖罪日, Day of Atonement)

종교력으로 7월 10일은 속죄일로 이스라엘 백성의 모든 죄와 제사장들의 죄를 속죄하기 위한 절기입니다(레 23:27~28). 속죄일은 모르고 지은 죄나 죄를 범하고도 깨닫지 못하는 죄에 대해 용서를 받기 위해 만들어진 절기인데, 이때 대제사장이 지성소에 들어가 하나님께 속죄제를 행함으로, 이스라엘 백성의 모든 남은 죄들을 깨끗케 하였습니다(레 16:2~34).

번제를 드린 후에는 백성을 위해서 염소를 잡아 그 피로 백성의 죄를 대속하였습니다. 속죄 제물로 쓰인 두 마리 염소 중 제비를 뽑아 선택된 염소는 '아사셀 염소'라고 하여 이스라엘의 죄와 허물을 짊어지고 황량한 광야로 가서 죽게 되었습니다.

❼ 초막절(草幕節, Feast of Tabernacles)

초막절은 장막절, 수장절로도 불리고, 이스라엘 백성이 출애굽 당시 광야에서의 초막생활을 기억하며 7월 15일부터 한 주간 동안 초막을 짓고 그곳에서 생활하며 하나님께 번제, 소제, 전제를 드렸던 절기입니다(레 23:39~43).

하나님께서 알려 주신 제사는 오늘날 예배이고, 절기는 교회의 여러 기념일이라고 볼 수 있습니다. 이러한 예배와 절기는 죄인인 사람이 하나님께 나아갈 수 있도록 하나님께서 친히 베풀어주신 은혜의 방편임을 기억해야 합니다. 그리고 하나님께서 이러한 제사와 절기를 통해 우리와 더욱 친밀한 관계를 맺기를 원하심을 알고, 그 영적 의미를 따라 살아가야 합니다. 다음 장부터 본격적으로 설명하는 5제사 7절기의 내용을 통해 하나님의 세밀한 돌보심의 은혜를 깊이 헤아려 보기를 바랍니다.

Section 07

성막 구조

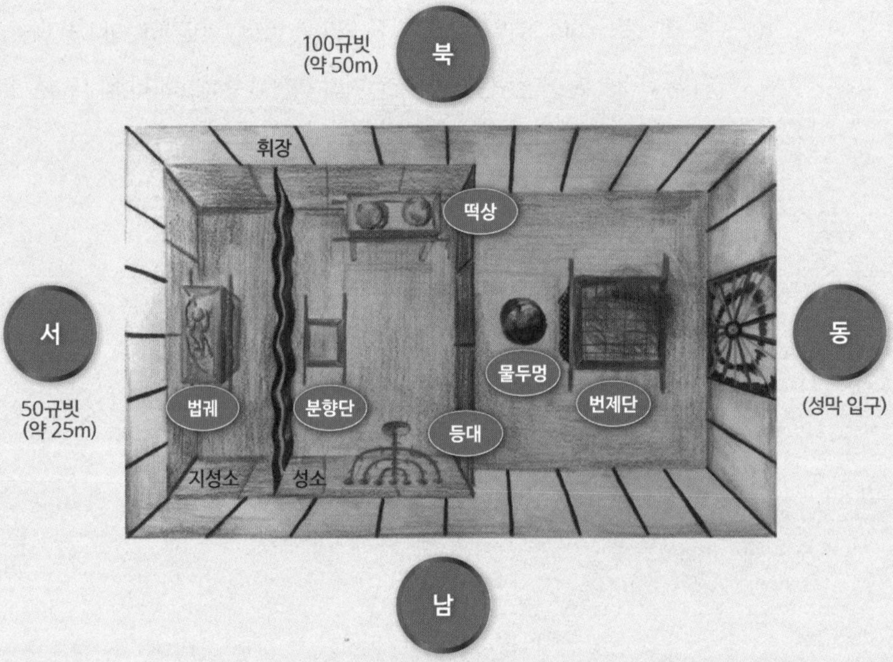

콕 Note

하나님이 보고 싶어요

하나님은 거룩하시고 모든 인간은 죄인입니다. 따라서 죄인인 인간은 거룩하신 하나님을 직접 만날 수 없었습니다. 그런 인간들에게 하나님을 만날 수 있는 장소로 정해 주신 곳이 바로 성막입니다. 하나님께서는 언약궤를 주시고 '성막[1] 안에서 너희를 만나리라'고 말씀해 주셨습니다. 이처럼 구약 시대는 성막을 통해 인간이 하나님과 만나고, 하나님께 제사를 드리며 죄에 대한 용서를 받을 수 있었습니다. 이제 성막의 구조를 살펴보면서 하나님과의 만남의 주도권은 언제나 하나님 편에 있었다는 사실을 구체적으로 살펴보고자 합니다.

1) 성막
하나님이 거하시는 이동식 성소입니다. 이스라엘 백성이 하나님을 만나는 장소였고 희생 제사를 드림으로써 죄의 용서를 받는 장소였습니다. 하나님이 이스라엘 백성과 만나주시는 곳이어서 '회막'이라고 부르기도 하였습니다(출 33:7~11).

성막

성막은 하나님이 이스라엘 백성과 함께 거하시고 그들 가운데 임재하심을 상징하는 것이었습니다. 그래서 성막은 항상 해가 떠오르는 동쪽을 향해 이스라엘 진 중앙에 세워졌습니다. 성막은 하나님 말씀에 순종하여 애굽을 나온 지 2년 뒤에 완성되었습니다(출 40:17). 성막의 내용을 직접 지시하신 분은 하나님이셨습니다(출 26~27). 모세의 인도 속에 브살렐, 오홀리압 등의 사람들은 하나님이 주시는 지식과 지혜로 성막을 지었습니다. 또한 하나님께서는 이스라엘 백성이 성막을 만드는 데 필요한 모든 재료들을 자원하는 마음으로 바치게 하셨습니다. 이스라엘 백성은 성막이 완성되자 하나님의 영광이 성막에 충만하게 임하는 것을 보았습니다(출 40:34~35).

성막구조

2) 규빗
성인의 팔꿈치에서 손가락 끝까지를 말하는 길이의 단위입니다. 약 0.5m 정도에 해당하며 성경에서는 노아가 방주를 지을 때(창 6:15) 처음 등장합니다.

3) 언약궤
하나님의 임재를 상징하는 상자이며 궤 안에는 십계명과 아론의 싹난 지팡이, 만나를 담은 항아리가 들어 있습니다. 조각목으로 만들어졌으며(출 25:10), 길이는 2규빗 반(약 114cm), 높이와 너비는 각각 1규빗 반(약 68cm)의 위에 순금판을 덧씌웠으며 상단에는 테를, 옆면에는 운반용 막대를 낄 수 있는 고리를 부착했습니다. 궤의 뚜껑으로 쓰는 순금판은 하나님과 사람이 만나는 은혜의 장소인 '속죄소'(시은좌)라 불리웠고(출 30:6; 민 7:89), 그 양쪽 끝에는 금으로 만든 그룹(날개를 가진 천사 모양의 조각상)이 있습니다(출 25:10~22).

❶ 개요

① **길이 :** 100규빗[2] (성막 안뜰 포함)

② **너비 :** 50규빗

③ **전체 넓이 :** 약 300평

❷ 구조

① **문**(입구) **:** 성막 뜰로 들어가기 위한 문

② **번제단 :** 번제를 드리기 위한 제단

③ **물두멍 :** 번제단과 성막 사이에 위치, 제사장들이 성막에 들어가기 전에 손발을 씻는 곳

④ **성소 :** 등대(왼편), 진설병상(오른편), 분향단(앞)

⑤ **지성소 :** 언약궤[3]가 있는 곳

❸ 성막에서 제사장이 하는 일

제사장은 매일 아침, 저녁 두 차례씩 성소에 들어가 분향단에 향을 사르고, 등불을 켜고 등대를 청소하는 일을 하였습니다. 지성소는 약 6평 정도 되는 넓이였으며 대제사장만이 들어갈 수 있었습니다. 대제사장은 일 년에 한 번 속죄일에 이스라엘 백성 전체의 죄를 사함받기 위해 지성소로 들어가 여호와 하나님을 만났습니다(레 16:17,30).

성막은 하나님의 정교한 지시에 따라 만들어졌습니다. 성막에는 사람의 생각이 첨가되지 않았고, 오직 하나님의 뜻만이 반영되었습니다. 이는 죄인인 사람이 하나님을 만나는 것은 하나님 편에서의 예비하심을 통해서 가능하다는 것을 보여줍니다. 사람의 생각과 방식이 아닌 하나님께서 정하신 뜻과 그 방법에 온전히 순종하며 나아갈 때, 사람은 거룩하신 하나님을 인격적으로 만날 수 있습니다(고전 1:25). 이러한 사실을 깨닫고 우리의 주권자 되시는 하나님의 뜻을 구하며, 주님의 말씀 앞에 바른 순종의 삶을 살아가는 은혜가 있기를 바랍니다.

Section **08**

성막 기구

구분	기구	설명
지성소	언약궤	금으로 된 직사각형의 상자(두 돌판, 만나 항아리, 싹 난 지팡이)
지성소	속죄소	언약궤를 덮고 있는 뚜껑
	휘장	성막 내의 성소와 지성소를 구분하는 커튼
성소	진설병상	이스라엘 12지파를 상징하는 12개의 떡이 진설되어 있는 상
성소	등대	7개의 가지 끝에 등불이 타고 있는 촛대
성소	분향단	지성소의 휘장 바로 앞에 위치한 향을 불태우는 제단
	관유	제사장과 성막의 기구들에 발라 거룩하게 구별하는 기름
뜰	번제단	성막의 바깥뜰에 위치한 희생 제물을 불태우는 놋단
뜰	물두멍	제사장들이 직무를 수행하기 전에 손발을 씻었던 큰 놋대야

콕 Note

거룩한 곳에 있어야 할 것들

존귀한 분에게 쓰임을 받는다는 것은 참으로 행복한 일입니다. 그리고 어떻게 쓰임 받느냐 하는 것도 매우 중요합니다. 그런 면에서 하나님의 성막 기구는 하나하나가 다 소중한 의미와 가치를 담고 있습니다. 그래서 하나님께서는 그 모든 기구들이 있어야 할 성막 내의 위치와 길이, 너비, 높이를 모두 지정해 주셨고, 어느 곳에서 어떠한 용도로 사용되어야 하는지도 모두 말씀해 주셨습니다. 이제 거룩한 성막에서 쓰임 받는 기구들을 살펴보고자 합니다.

지성소

지성소는 성막의 가장 안쪽에 있던 길이 10규빗, 너비 10규빗, 높이 10규빗의 지극히 거룩한 장소를 말합니다. 성막 입구의 휘장을 지나면 성소가 있고, 다시 휘장을 지나면 지성소가 나옵니다. 그룹이 덮고 있는 언약궤가 놓여 있는 지성소에는 1년 1차 속죄일에 대제사장만이 들어갈 수 있었는데, 여호와 하나님이 임재하시는 거룩한 장소로 속죄를 상징적으로 보여주고 있습니다(출 25:1~9).

❶ 언약궤

언약궤는 조각목 안팎으로 금으로 싼 길이 2.5규빗, 너비 1.5규빗, 높이 1.5규빗의 직사각형 상자입니다. 언약궤는 법궤라고 불리기도 했는데, 그 상자에 하나님의 법이 기록된 돌판이 보관되어 있었기 때문입니다. 처음에 언약궤에는 십계명 두 돌판만 담겨 있었으나, 이후에는 만나를 담은 항아리와 아론의 싹 난 지팡이도 함께 담게 되었습니다. 언약궤는 이스라엘 백성을 인도하시는 하나님의 임재를 상징하고 있습니다(출 25:10~16).

❷ 속죄소

속죄소는 언약궤를 덮고 있는 길이 2.5규빗, 너비 1.5규빗 크기의 덮개입니다. 언약궤는 정금으로 만들었고, 그룹 둘을 속죄소 두 끝에 두어 그 날개가 속죄소를 덮도록 하였습니다. 속죄소를 정금으로 만든 이유는 속죄소야말로 여호와 하나님이 이스라엘 민족을 직접 만나 주시는 중요한 장소이기 때문입니다. 죄인인 사람은 속죄소에 함부로 나아갈 수 없고, 오직 대제사장이 속죄를 상징하는 피를 가지고 나아갈 수 있었습니다. 속죄소는 '시은좌[1]'라고도 하는데 하나님께서 죄인인 사람을 찾아오셔서 그 죄를 완전히 덮어 주시는 은혜와 화해의 자리임을 반영해주고 있는 명칭입니다(출 25:17~22).

1) 시은좌
시은좌(施恩座, Mercy Seat)는 하나님께서 임재하시어 죄를 용서하고 은혜를 베풀어 주시는 장소이고 지성소 안에 있는 '속죄소'의 별칭입니다(출 25:18).

휘장

휘장은 여러 폭의 천을 이어 만든 둘러치는 장막을 뜻합니다. 지성소와 성소를 구분하고, 성소와 안뜰을 구분하는데 각각 휘장이 있었습니다. 휘장은 하나님과 사람 사이의 교제를 완전히 차단하는 폐쇄적인 것이 아니라, 죄 많은 사람들이 거룩하신 하나님께 함부로 접근하여 죽임을 당하지 않도록 하는 은혜의 기능을 합니다. 성소와 지성소를 분리하는 휘장은 1년에 단 1회(대속죄일인 7월 10일)만 열렸습니다(출 26:31~33).

성소

2) 진설병상

진설병(陳設餠, bread of the presence)은 거룩한 떡으로 불렸으며, 누룩 없는 고운 가루로 만들었습니다. 성소의 북편 상 위에 두 줄(한 줄에 6개씩)로 차려놓는데, 이것은 이스라엘을 대표하는 12지파를 상징합니다. 연중 언제나 진설하였는데 안식일마다 새것으로 갈았으며, 묵은 떡은 성소 안의 제사장만이 먹을 수 있었고, 불결한 사람이 이 떡을 먹는 것을 금지하였습니다(출 24:4, 28:9~12; 레 24:5~9; 민 4:7).

❶ 진설병상

진설병상[2]은 길이 2규빗, 너비 1규빗, 높이 1.5규빗의 크기로서 감사와 헌신의 표로 백성이 바치는 거룩한 떡을 진열하는 곳입니다. 진설병상은 조각목으로 만들어졌으며 겉은 금으로 입혀졌습니다. 진설병상은 성소의 북쪽 등대 맞은편에 위치해 있었습니다. 제사장은 이곳에 매 안식일마다 이스라엘 12지파를 상징하는 12개의 떡을 두 줄로 놓았습니다. 결국 12개의 떡을 헌상하는 것은 이스라엘 전체를 여호와 하나님께 드리는 행위라 할 수 있습니다(출 37:10~16).

❷ 등대

등대는 성소 안을 밝히기 위한 기구입니다. 등대는 정금으로 만들어졌고 살구꽃 무늬의 일곱 개의 가지로 이루어졌습니다. 등대는 성소의 남쪽 진설병상 맞은편에 위치해 있었습니다. 지성소는 하나님의 영광으로 충만할 때 외에는 외부로부터의 빛이 차단되기 때문에 항상 어두웠습니다. 그러나 성소는 제사장이 매일 임무를 원활하게 수행할 수 있도록 빛이 제공되었습니다. 낮에는 출입구 쪽에서, 밤에는 등대의 빛이 성소를 밝혔습니다. 따라서 제사장은 날이 어두워질 때 불을 켜고 아침에 불을 끄는 작업을 성실히 수행해야 했습니다(출 37:17~24).

❸ 분향단

분향단은 길이 1규빗, 너비 1규빗, 높이 1규빗의 크기로서 매일 아침, 저녁으로 향기로운 향을 피웠던 단입니다. 분향단은 지성소 입구의 휘장 앞, 즉 진설병상과 등대 중간 전면에 놓여 있었습니다. 향은 끊어지지 않게 피웠으며, 향 위에 다른 향을 피워서는 안 되었습니다. 일 년에 한 번씩 분향단의 뿔을 위해 속죄하였는데, 그만큼 분향단은 하나님께 거룩한 것이었습니다. 분향은 기도를 상징하고 있습니다(출 30:1~6).

관유

관유는 감람유에 몰약, 육계, 창포, 계피 등 향품을 섞어서 만든 기름으로 머리에 뿌리거나 부어서 발랐습니다. 관유는 지극히 거룩한 기름으로 하나님의 일꾼(선지자, 제사장, 왕)을 세워 위임할 때나 성소의 성물들을 성별할 때 사용되었습니다. 관유는 아무나 함부로 만들거나 바를 수 없었으며, 제사장이 관리했습니다(출 29:7; 레 8:2, 12:12). 관유는 하나님을 섬기도록 성도들을 거룩히 구별시키는 성령의 사역을 상징한다고 볼 수 있습니다(출 30:22~33).

성막 뜰

성막 뜰은 길이 100규빗, 너비 50규빗 크기의 넓고 평평한 땅입니다. 성막 뜰 안에는 제사장들과 레위인들 및 일반 백성까지도 들어갈 수 있었습니다. 이곳에 성막, 물두멍, 번제단이 위치해 있었습니다. 성막 뜰 동편에 바깥과 뜰을 연결하는 20규빗 크기의 출입문이 하나 있었습니다(출 38:9~20).

❶ 번제단

번제단은 희생 제물을 불태우는 길이 5규빗, 너비 5규빗, 높이 5규빗 크기의 단입니다. 조각목으로 만든 후, 놋으로 쌌기 때문에 '놋단'으로도 불렸습니다. 번제단에는 뿔이 있었는데 그 뿔의 용도는 희생 제물이나 다른 것들이 아래로 떨어지지 않도록 하기 위함이었고, 희생 제물로 바쳐질 짐승을 묶어두기 위한 것이었습니다. 번제단은 하나님께 속죄와 감사의 예물을 드리는 곳으로서 하나님과 인간을 연결하는 중개 역할을 하는 장소라 할 수 있습니다(출 38:1~7).

❷ 물두멍

물두멍은 제사장들이 성막에 봉사하러 들어가기 전, 그리고 번제단에서 제사를 집례하기 전에 먼저 정결제로서 손발을 씻는 일종의 큰 대야입니다. 놋으로 만들었으며 성소의 입구와 번제단의 중간에 놓았습니다. 물두멍은 인간이 하나님 앞에 나아갈 때 깨끗한 삶과 마음 자세를 가져야 함을 뜻합니다(출 30:17~21).

성막에 놓인 여러 기구들은 하나님께서 직접 말씀하신 그대로 만들어지고 배치되어 쓰였습니다. 이와 마찬가지로 하나님께서는 오늘날 우리에게도 각자가 속한 위치, 환경, 은사, 달란트를 하나님의 주권적인 뜻에 따라 정하시고 속한 곳에서 그 지으신 뜻대로 일하기를 원하십니다. 예수님께서 하나님의 뜻대로 33년간의 생애를 죽기까지 순종하며 사셨던 것처럼 우리도 때를 따라 돕는 은혜를 얻기 위하여 주어진 환경 속에서 최선을 다해 하나님의 말씀을 따라 살아가는 은혜가 있기를 바랍니다.

Section 09

레위인과 제사장

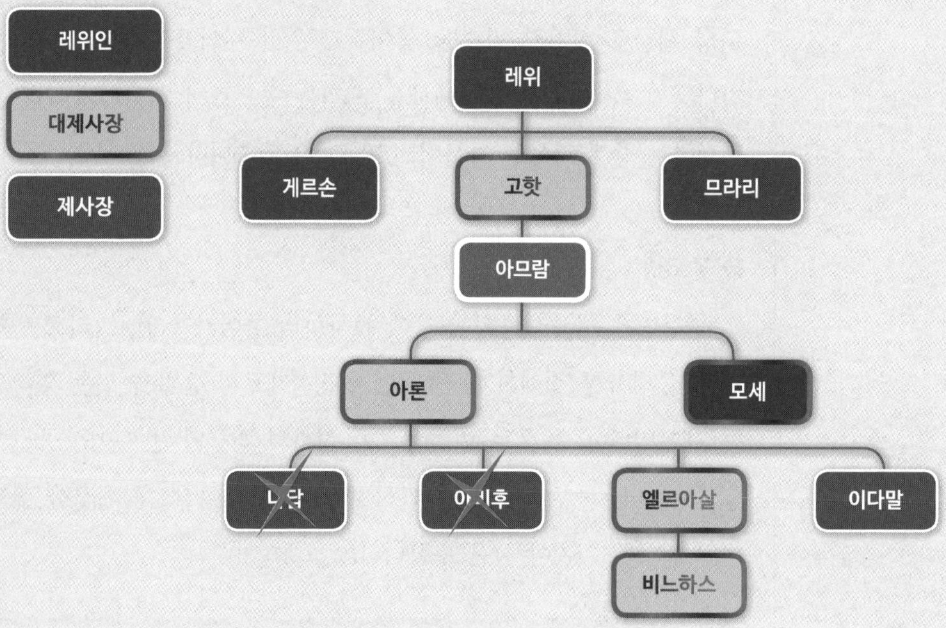

콕 Note

영광스런 직분을 맡은 사람들

하나님께 쓰임 받는다는 것은 하나님께 필요한 존재가 되었다는 것입니다. 그 가운데서도 특별히 인간에게 주신 최고의 축복인 제사를 집행하고 성막에서 쓰임 받는다는 것은 최고의 영광이었습니다. 그렇다면 그 영광스런 직분을 맡은 사람들은 누구일까요? 바로 '레위인'입니다. 이 장에서는 하나님께로부터 레위인이 선택된 이유와 그들의 역할(제사장, 대제사장)을 구체적으로 살펴보고자 합니다.

레위인

일반적으로 레위인은 레위의 아들인 게르손, 고핫, 므라리의 후손들(민 26:57)을 일컫는 말로, 제사장들을 도와 성막에서 섬기는 사람들을 가리킵니다. 이러한 의미에서 레위인과 제사장은 종종 동의어로 사용되기도 했습니다. 좁은 뜻에서 레위인은 아론과 그 자손으로 이루어진 제사장 그룹을 제외한 레위 후손들을 지칭합니다. 통상적으로 레위인의 자격은 혈통을 통해 부여되었습니다.

레위인이 선택된 이유

레위인들이 하나님을 섬기는 일에 특별히 선택된 이유는 이스라엘 백성의 시내산 사건에서 찾아볼 수 있습니다(출 32:1~29). 모세가 시내산에서 여호와 하나님으로부터 율법을 받고 있을 때, 이스라엘 백성은 금송아지 우상을 만들어 숭배하는 치명적인 죄악을 범하게 됩니다. 이때 레위인들은 하나님의 진노와 심판을 시행하는 역할을 자원하여 우상 숭배한 이스라엘 백성 3천 명을 칼로 도륙합니다. 이와 같은 헌신된 행위로 인해 레위인들은 하나님을 섬기는 복을 받게 됩니다(신 33:8~11). 레위인들은 이스라엘 장자를 대신하여 하나님을 섬기도록 선택되었던 것입니다. 사실 하나님을 섬기는 일은 이스라엘 장자의 역할이지만, 여호와 하나님은 이스라엘의 장자를 대신하여 레위인이 그 역할을 수행하도록 결정하셨습니다(민 3:12~13).

레위인의 역할

레위인의 성막 봉사는 게르손, 고핫, 므라리 세 계열로 나누어집니다(대상 23:6). 각 역할들은 계급의 높고 낮음에 따른 것이 아니라 기능의 차이에 의한 것이었습니다.

❶ 게르손

게르손 사람들은 성막, 장막의 덮개, 회막 문장, 뜰의 휘장과 문장, 모든 것에 쓰는 줄 등 성막에 쓰이는 장막류를 수레를 사용하여 옮겼습니다(민 4:22~28).

❷ 고핫

고핫 사람들은 언약궤, 진설병의 상, 촛대, 분향단과 번제단, 봉사하는 데 쓰이는 기구들과 휘장 등 성막 안에 설치된 지성물들을 담당하였습니다(민 4:2~20).

❸ 므라리

므라리 사람들은 성막을 세우고 걷는 일을 맡았고, 이에 필요한 성막 기둥, 받침, 줄, 띠, 말뚝 등을 운반하였습니다(민 4:29~33).

대제사장

대제사장은 이스라엘 백성을 대표할 뿐만 아니라 제사에 관한 제반사항들을 총괄하던 최고위 제사장을 가리킵니다. 대제사장직은 별다른 일이 없는 한, 장자에게만 계승되는 종신직이었고, 아론으로부터 시작하여 엘르아살에게로 승계되었습니다(민 20:23~29). 아론의 첫째, 둘째 아들이었던 나답과 아비후는 제사장이었지만 여호와께서 명하시지 않은 다른 불로 분향하다 하나님의 진노로 인해 죽었습니다. 그래서 셋째 아들이었던 엘르아살이 아론의 뒤를 이어 대제사장직을 계승하게 된 것입니다. 또한 엘르아살의 아들이었던 비느하스는 아버지를 이어 대제사장이 된 후, 우상숭배와 음행의 죄를 지었던 이스라엘 자손들을 미디안 여인들과 함께 죽임으로써 이스라엘에 대한 하나님의 진노(염병)를 그치도록 했습니다. 이 일로 인해 그와 그의 후손은 하나님으로부터 영원한 제사장 직분을 보장받게 됩니다(민 25:10~13).

하나님께 쓰임을 받는다는 것은 참으로 영광스러운 일이라 할 수 있습니다. 레위인들이 하나님을 섬기는 일에 특별히 선택된 것은 저절로 이루어진 것이 아니라 하나님의 명령에 순종했기 때문입니다. 이처럼 하나님은 말씀에 순종하는 신실한 성도를 눈여겨보시며, 그들을 선택하여 귀하게 쓰십니다.

Section **10**

5대 제사 한눈에 보기

		명칭	본문	헌제자의 행위	목적
향기 있는 제사 자원해서 드리는 제사	1	번제	레1:3~17	준비 → 가져옴 → 안수 → 도살 → 가죽 벗김 → 조각냄 → 물로 씻음(내장 등)	▶ **하나님께 헌신**
	2	소제	레2:1~16	준비 → 기름, 향, 소금 → 가져옴	▶ **하나님께 감사**
	3	화목제	레3:1~17	준비 → 가져옴 → 안수 → 도살 → 내장, 기름, 구별 → 제물 먹음(당일 또는 다음 날까지)	▶ **하나님과 이웃과 관계회복**
향기 없는 제사 의무적으로 드리는 제사	4	속죄제	레4:1~5:13 6:24~30	죄의 고백 → 준비 → 가져옴 → 안수 → 도살 → 기름기 구별하여 태움	▶ **하나님께 용서함을 받음**
	5	속건제	레5:14~6:7 7:1~10	준비 → 보상(1/5) → 가져옴 → 안수 → 내장, 기름기와 콩팥을 태움	▶ **하나님과 이웃에게 용서받음**

콕 Note

하나님과 교제하는 유일한 방법

이 세상에는 의인이 하나도 없고 다 죄인입니다(롬 3:10~12). 그리고 모든 사람은 죄의 값으로 말미암아 하나님의 영광에 이르지 못하고 사망에 이르게 됩니다(롬 3:23, 6:23). 이 죄의 대가는 반드시 죽음(값을 지불)을 통해서만 해결할 수 있습니다. 즉 본인이 죽거나 누군가 대신 죽어야 해결되는 것입니다. 그래서 구약 시대에는 제사를 통해 짐승의 피로 죗값을 지불하고 하나님께 나아갈 수 있었는데, 이것이 바로 제사입니다. 이제 이것을 한눈에 쉽게 볼 수 있도록 각 제사별로 진행되는 과정과 목적, 그리고 성경에서 말하는 의미를 정리해 보고자 합니다.

5대 제사의 2가지 구분 (자원제와 의무제)

5대 제사는 크게 두 종류로 나눌 수 있는데, 죄의 문제와 관계가 없이 드리는 제사(자원제)와 죄의 문제로 반드시 드리는 제사(의무제)입니다.

그중 자원제는 스스로 원해서 드리는 제사로 번제, 소제, 화목제가 있으며, 의무제는 반드시 드려야 하는 제사로 속죄제, 속건제가 있습니다. 여기서 자원제는 '향기 있는 제사'라고 하며, 의무제는 '향기 없는 제사'라고 구분하기도 합니다.

번제

번제에 대해 말씀하고 있는 본문은 레위기 1장 3~17절입니다. 그 말씀 속에서, 제사를 드리는 사람은 제사를 준비하여 제물(흠 없는 숫소, 숫양, 숫염소, 비둘기)을 가져오면(레 1:3) 직접 번제물의 머리에 안수하며(레 1:4), 그 후 제물을 죽이고 가죽을 벗긴 후(레 1:6) 칼로 조각을 내어(레 1:7~8) 물로 씻는(레 1:9) 과정을 거칩니다. 이러한 번제의 목적은 하나님께 나아갈 때에 인간의 죄악성(원죄)을 대속함으로 말미암아 하나님과 화해하고 자신의 삶을 하나님께 온전히 헌신하여 하나님께 영광을 돌리는 것입니다(레 1:1~17).

소제

소제에 대해 말씀하고 있는 본문은 레위기 2장 1~6절입니다. 그 말씀 속에서, 제사를 드리는 사람은 제사를 준비하고 제물(곡식의 고운 가루)을 가져오면(레 2:1), 그 위에 기름을 붓고 그 위에 유향을 놓아(레 2:1) 아론의 자손인 제사장들에게 가져옵니다(레 2:2). 제사장은 그 고운 기름 가루 한 줌과 유향을 취하여 단 위에서 불사릅니다. 이러한 소제의 목적은 곡물을 주신 하나님께 감사하며, 곡식이 부서지는 것처럼 주님이 십자가에서 죽기까지 복종하시며 낮아지심을 본받아 우리의 삶도 부서지고 낮아지는 삶을 통해 하나님께 영광을 돌리는 것입니다.

화목제

화목제에 대해 말씀하고 있는 본문은 레위기 3장 1~17절입니다. 그 말씀 속에서, 제사를 드리는 사람은 제사를 준비하여 제물(흠 없는 수컷이나 암컷)을 가져오면(레 3:1) 직접 제물의 머리에 안수하며(레 3:2), 그 후 회막문에서 제물을 죽이고(레 3:2), 내장에 덮인 기름과 내장에 붙은 모든 기름과 두 콩팥과 그 위의 기름 곧 허리 근방에 있는 것과 간에 덮인 꺼풀을 콩팥과 함께 구별하여 취합니다(레 3:3~4). 그 후 제물을 당일 또는 다음 날까지 함께 나누어 먹습니다(레 7:15~18). 이러한 화목제의 목적은 하나님과의 깨어진 관계를 회복하고 이웃과의 관계도 회복하여 하나 됨을 온전히 이루는 것입니다(레 3:17).

속죄제

속죄제에 대해 말씀하고 있는 본문은 레위기 4장 1절~5장 13절과 6장 24~30절입니다. 그 말씀 속에서, 제사를 드리는 사람은 먼저 죄를 고백하며 제사를 준비하는데 제물(흠 없는 수컷)을 가져오면(레 4:3) 제사 드리는 자가 제물의 머리 위에 안수하고(레 4:4,15), 그 후 제물을 죽이고 제사장이 손가락으로 그 피를 찍어 바르거나(제사장의 속죄, 레 4:7) 성소장 앞에 일곱 번 뿌린(레 4:6,17) 후 기름기를 구별합니다(레 4:8~9,19). 이러한 속죄제의 목적은 하나님의 임재를 상징하며 부지중에 지은 죄까지 회개하여 속죄와 용서를 얻고 겸손의 삶을 살아가는 데 있습니다.

속건제

속건제에 대해 말씀하고 있는 본문은 레위기 5장 14절~6장 7절, 7장 1~10절입니다.

그 말씀 속에서, 제사를 드리는 사람은 제사를 준비하여 제물(흠 없는 숫양)을 가져오면(레 5:18) 제사장이 제물의 머리에 안수하며(레 6:7), 그 후 제물을 죽이고 그 피를 단 사면에 뿌리며(레 7:2) 그 모든 기름을 드리되 내장과 기름진 꼬리를 구별하여 드립니다(레 7:3~5). 이러한 속건제의 목적은 하나님의 임재 안에서 부지중에 지은 소유권을 침해한 죄를 회개하며 속죄와 용서를 얻고 채권자가 아닌 채무자의 삶을 살아가는 데에 있습니다.

하나님께서 알려주신 5가지 제사들은 모두 사람과 하나님 사이를 가로막고 있는 죄를 회개하고 하나님과의 관계를 바르게 회복하는 것에 초점이 맞추어져 있습니다.

그리고 이러한 제사 이후의 성도의 삶이 반드시 하나님께서 기뻐하시는 삶으로 변화하게 된다는 영적인 의미를 가지고 있습니다.

오늘날 드려지는 수많은 예배의 목적도 이와 동일합니다. 하나님께 나아갈 때에 우리의 죄를 회개하고, 예수 그리스도의 보혈의 공로로 말미암아 용서받은 우리의 삶 속에 성령님의 임재가 있고, 우리의 변화된 삶에 많은 영적 열매들이 맺어지게 됩니다. 이러한 사실을 기억하며 구약의 제사들을 통해 우리에게 알려주시기 원하시는 하나님의 뜻을 깨닫고, 그 뜻을 따라 살아가는 은혜가 있기를 바랍니다.

Section 11

번제

특성	제물	절차	종류	영적 의미
• 화제 • 향기로운 냄새의 제사 • 열납되어지기 위한 제사 • 생명 있는 제물이 드려지는 제사	• 흠 없는 수소 • 흠 없는 숫양, 숫염소 • 산비둘기 혹은 비둘기 새끼	① 흠 없는 제물 선별 ② 제사 드리는 자가 제물의 머리에 안수 ③ 제사 드리는 자가 죽임 ④ 제사장이 단사면에 피 뿌림 ⑤ 제사 드리는 자가 각을 뜸 ⑥ 제사장이 번제단에 태움 ⑦ 가죽은 제사장이 취함	• **집단적 번제제사 :** 아침, 저녁으로 드림(상번제) • **개인적 번제제사 :** 제사장 위임 문둥병 정결식 산후 정결식 나실인 서원 끝	• 예수 그리스도께서 친히 제물이 되어 십자가에서 피를 흘리고 죽으심 • 하나님께 헌신

콕 Note

내 몸을 불태워 하나님께 헌신을

구약 레위기에는 5가지 제사가 있는데 이를 둘로 나누면 죄와 관계없이 드리는 제사와 죄와 관계있는 제사로 나누어집니다. 그중 모든 제사의 가장 중심이 되는 제사는 번제입니다. 번제[1]는 일반적으로 속죄함을 받고 하나님께 헌신과 봉사를 다짐할 목적으로 드려졌습니다. 여기서 중요한 핵심은 번제물이 완전히 불태워지듯이 성도는 하나님께 온전히 헌신하는 자세와 태도로 나아가야 한다는 것입니다. 여호와 하나님은 이와 같이 하나님께 나아오는 성도를 기쁘게 받으신다는 사실입니다. 이제 '내 삶을 주님께 바칩니다'라는 의미를 가진 번제의 특성과 바치는 제물, 절차, 종류를 잘 정리해 보고자 합니다.

1) 번제
연기를 타고 하나님께로 '올라간다'는 의미를 가지고 있습니다. 번제는 가장 오래된 제사로, 노아 때 처음 언급되었고(창 8:20), 제물 전체를 불로 태워 연기를 올라가게 하는 '화제'(火祭)입니다(레 1:1~17).

특성

번제는 불로 태워드리는 제사이기 때문에 '화제(火祭)'이며, 불에 탈 때의 냄새 때문에 '향기로운 냄새의 제사'라고 합니다. 또한 이 제사는 생명 있는 제물(레 1:2~3,10,14)이 불에 타는 제사인데, 이 제물을 '여호와 앞에 열납하시도록 드릴찌니라(레 1:3)'고 하였습니다.

제물

번제로 드리는 제물은 '흠 없는 수컷'이어야 했습니다. 화목제와 속죄제와는 달리 희생 제물로서 반드시 '수컷'이 요구되었습니다. '흠

이 없다'는 말은 히브리어로 〈타밈〉인데 '완전한, 상처 입지 않은, 손대지 않은, 결점이 없는, 비난할 데 없는, 순수한'이라는 의미입니다. 이는 신체적으로 아무런 결함이나 하자가 없는 온전한 상태를 가리키는데, 번제 제물로서 하나님께 바쳐질 희생 제물의 가장 필수적인 요건입니다.

절차

❶ 선별

번제를 드리는 사람은 흠 없는 제물을 선별하여 성막으로 가지고 옵니다.

❷ 안수

번제물의 머리에 번제를 드리는 자가 직접 안수를 합니다. 이때 번제물의 머리에 안수하는 것은 예배자의 죄가 희생 제물에 전가되어 희생 제물이 제물을 드리는 사람의 위치에 대신 서게 되는 것을 의미합니다.

❸ 도살(屠殺)

제사 드리는 사람이 제단 북편에서 제물을 직접 잡습니다(레 1:5). 이때 제물의 죽음은 곧 제사 드리는 사람의 죽음을 고백하는 행위입니다.

❹ 피 뿌림

제사장이 단사면에 희생 제물의 피를 뿌립니다.

❺ 각을 뜸

그 짐승의 각을 뜨고 내장과 정강이를 물두멍의 물로 씻습니다.

❻ 번제단에 태움

제사장은 번제단에서 제물의 고기를 불태웁니다.

❼ 가죽을 제사장이 취함

봉사의 대가로 가죽은 제사장에게 주어졌습니다.

종류

번제의 종류는 크게 2가지로 설명할 수 있는데, 상번제와 특별번제가 있습니다.

❶ 상번제

상번제는 매일 아침, 저녁으로 계속 드려야 하는 제사입니다.

❷ 특별 번제

특별 번제는 특별한 때에 드리는 제사입니다.

❸ 특별 번제를 드렸던 때

① **언약을 맺을 때**(출 24:5)

② **성막을 건축하던 날**(출 40:29)

③ **제사장 위임식 때**(레 8:18)

④ **산후 정결례 때**(레 12:6)

⑤ **나병환자 정결례 때**(레 14:19)

⑥ **나실인의 헌신 기한이 찼을 때**(민 6:13~20)

⑦ **레위인들의 구별을 위해**(민 8:5~13)

⑧ **매 안식일에**(민 28:10)

⑨ **매 월삭 때**(민 28:11)

⑩ **모든 절기 때**(민 28:16~21)

영적 의미

번제는 짐승을 잡아 화제로 드리는 것인데, 이때 나는 냄새를 가리켜 '여호와께 향기로운 냄새(레 1:9)'라고 했습니다. 그러나 실상 고기를 그 내장과 함께 불태울 때 나는 냄새는 결코 좋은 냄새가 아니었습니다. 그러나 이 냄새가 '여호와께 향기로운 냄새'가 된다는 뜻은 곧 제물이 불태워져 그 냄새가 하나님께 상달될 때, 하나님은 이를 백성이 당신의 명령에 순종하는 표식으로 알고 기쁘게 받아들이신다는 의미입니다. 다시 말해 하나님께서 그 제물을 드린 자를 만족히 여기신다는 뜻입니다.

이러한 번제는 신약에 와서 예수 그리스도께서 친히 제물이 되어 십자가에서 피를 흘리고 죽으심을 상징합니다. 그리고 이러한 번제의 삶을 사도 바울은 로마서 12장 1절 말씀을 통해 '그러므로 형제들아 내가 하나님의 모든 자비하심으로 너희를 권하노니 너희 몸을 하나님이 기뻐하시는 거룩한 산 제사로 드리라. 이는 너희의 드릴 영적 예배니라'고 하였습니다. 우리는 이 말씀을 기억하고, 예수님을 따라가면서, 예수님의 온전한 희생과 헌신의 삶을 본받아야 합니다. 번제물이 완전히 태워지듯이 자신을 완전히 희생하고 헌신하는 삶을 통해 하나님께 향기로운 냄새로 인정받는 은혜가 있기를 바랍니다.

Section 12

소제

특성	제물	절차	종류	영적 의미
• 첫 곡식(열매)의 가루 • 일부분만 태움 • 향기로운 냄새의 제사 • 모든 번제와 함께 드림 • 하나님께 드리는 존경과 감사를 뜻함	• 곡식 가루 • 기름 • 유향 • 소금 • 누룩, 꿀은 금지	① 제사 드리는 자가 제물을 준비 ② 제물의 남은 부분은 제사장과 제사장 가족들이 먹음	• 기름을 섞은 고운 가루와 유향 • 고운 가루에 기름을 섞어 화덕에 구운 무교병, 기름을 바른 무교전병, 번철에 부친 것 • 첫 이삭을 빻아 기름과 유향을 섞어 볶은 것	• 고운 가루는 예수님의 인성을 나타내주며, 기름은 신성을 나타냄 • 첫 곡식이 벗겨지고 부서져 가루가 되듯이 육신의 고난을 받음 • 하나님께 감사

콕 Note

감사해요 주님의 사랑

구약의 5대 제사 중에 두 번째는 소제[1]입니다. 소제는 하나님께서 주시는 은혜에 감사해서 곡식의 가루로 드리는 제사인데 땅의 소산물을 하나님께 바침으로써 모든 소산물에 대한 하나님의 주권을 인정하고 또한 그 소산물에 대해 하나님께 경외와 감사를 표하기 원할 때, 언제든지 자발적으로 드려졌던 제사입니다. 본 장에서는 소제의 특성과 바치는 제물의 절차에 따른 종류를 알아보고 영적인 의미를 정리해 보고자 합니다.

1) **소제**
소제는 하나님께 드리는 '선물'을 의미합니다. 5대 제사 중 유일하게 곡식으로 드렸던 제사이며, 화제로 드려지는 소제물의 연기는 여호와께 향기로운 냄새가 되었는데, 이는 예물 드리는 자의 자발적인 충성과 헌신을 보고 하나님께서 기뻐하시며 죄로 인한 진노를 거두셨기 때문입니다(레 2:1~15).

특성

소제는 번제나 화목제와 달리 동물 제사가 아닌 '곡식 제사'입니다. 또한 '한 줌의 제물(일부)'만을 불 위에서 태운다는 점에서 번제와도 다릅니다. 소제는 단독으로 드려진 경우도 있었으나(레 6:14, 민 5:15) 일반적으로 번제나 화목제와 함께 드려졌습니다. 소제는 피를 흘린 다른 제물 위에서 불사르도록 되어 있으며, 이 또한 여호와께 향기로운 냄새(레 2:2)가 되었습니다.

제물

소제의 제물은 '고운 곡식 가루'입니다. 곡식 가루는 맷돌로 일차로 간 것을 굵은 채로 치고, 그것을 다시 세밀한 맷돌에 넣고 다시 간 다음 고운 채로 다시 쳐내어 준비합니다. 그 후 '기름과 유향과 소금(레

2:2,13)'을 집어넣는데 이때 누룩이나 꿀은 금지되었습니다(레 2:11).

절차

제사를 드리는 자는 제물을 준비하고 제사를 드린 후, 제물의 남은 부분은 제사장과 제사장 가족들이 먹습니다. 이러한 절차의 핵심은 소제로 바쳐지게 되는 제물에 있습니다. 왜냐하면 소제물을 제단으로 가져오기 전에 그 제물을 준비하는 과정 자체가 소제를 드리는 방법에서 가장 중요하기 때문입니다.

종류

소제의 종류는 크게 3가지로 설명할 수 있습니다.

❶ 고운 가루의 소제

고운 가루의 소제일 경우에는 곱게 빻은 밀 또는 보리를 소제물로 드립니다. 고운 가루 위에 기름을 붓고 또 그 위에 유향을 놓아 제사장에게로 가져가면, 제사장은 고운 기름 가루 한 줌과 유향을 취하여 단 위에서 불사르고 나머지는 제사장들이 취하였습니다(레 2:1~3).

❷ 고운 가루 요리의 소제

고운 가루를 요리해서 드릴 경우, 화덕에 구운 것과 솥에 삶은 것은 고운 가루에 기름을 섞어 만들고, 번철에 구운 것은 고운 가루에 누룩 없이 기름과 섞어 구운 후 조각으로 나누고 그 위에 기름을 부었습니다. 이 무교병의 소제물을 제사장에게로 가져가면 제사장은 그것 중 기념할 만큼만 취하여 여호와께 화제로 드리고 나머지는 자신의 몫으로 취했습니다(레 2:4~10).

❸ 첫 이삭일 경우

첫 이삭을 드릴 경우에는 반드시 그 곡식을 볶아야 했으며 그 위에 기름을 붓고 유향을 첨가한 후에 제사장에게 가져오면 제사장은 곡식과 기름의 전부, 유향의 전부를 기념물로 단에서 불태워 드렸고 나머지는 제사장의 몫이 되었습니다(레 2:14~16).

영적 의미

소제의 고운 가루는 예수님의 인성(人性)을 나타내주며, 소제에는 반드시 기름을 넣어야 하는데 이는 신성(神性)을 나타냅니다. 또한 소제에는 유향을 넣는데, 이것을 첨가하는 이유는 제물이 향기를 풍기도록 하기 위함이고, 이것은 성도들의 기도를 상징합니다(계 5:8). 또한 소제에는 소금을 넣어야 하는데, 이 소금은 하나님의 언약의 말씀에 대한 믿음과 순종의 삶을 의미합니다(골 4:6).

이러한 소제는 하나님께서 우리에게 주시는 은혜에 감사할 수 있는 방법을 알려줍니다. 그리고 예수님의 인성과 신성을 영적으로 깨닫게 해줌과 땅의 모든 소산물에 대한 하나님의 주권을 인정하게 해줍니다. 이러한 소제를 통해 인간은 하나님을 경외(敬畏)하고, 주님의 은혜가 없이는 단 하루도 온전히 살아갈 수 없다는 믿음의 고백을 할 수 있게 됩니다.

Section 13

화목제

특성	제물	절차	종류	영적 의미
• 암수 구별 없이 드림 • 유교병도 드림 • 제물을 나누어 먹었지만 기름과 피는 먹지 않음 • 새는 드리지 않음 • 제사 드리는 자와 제사장이 하나님께 제물의 일부를 드린 후 나머지 부분을 함께 취함	• 소 • 양 • 염소(암, 수) • 곡식 가루	① 흠 없는 소, 양, 염소(암수 구분 없음) ② 제사 드리는 자가 제물의 머리에 안수 ③ 제사 드리는 자가 죽임 ④ 제사장이 단사면에 피 뿌림 ⑤ 제사장이 내장, 콩팥, 기름은 번제단에 태움	• **감사제** 예상하지 못한 축복이나 구원에 대한 감사의 표현 • **서원제** 서원과 간구를 할 때 축복과 구원에 대한 감사의 표현 • **낙헌제** 특별한 복이나 구원과 관계없이 하나님께 대한 감사의 표현	• 예수님이 십자가에서 피 흘려 죽어 화목 제물이 되었음 • 하나님과 화목 제사장과 화목 사람과의 화목

콕 Note

하나님과 손잡고 이웃과 함께 식사를 하자

잔칫집에서 누릴 수 있는 가장 큰 즐거움은 아마도 음식을 같이 나누어 먹으며 교제하는 즐거움일 것입니다. 마찬가지로 화목제[1]는 하나님과 인간의 화목, 화평을 이루는 제사이며 이를 통해 인간과 인간 사이에 서로 친교를 나눌 수 있는 제사입니다. 이러한 화목제의 특성과 바쳐지는 제물, 제사의 절차와 종류 및 영적 의미까지를 한눈에 보면서 정리해 보고자 합니다.

1) 화목제
'화평의 희생제' 혹은 '친교의 희생제'라는 뜻으로 곧 희생 제물의 피로 인해 하나님과 인간 사이에 화평을 이루는 제사, 나아가 인간과 인간 사이에 서로 친교를 나누는 제사라는 뜻입니다(레 3:1~17).

특성

화목제의 특성은 총 5가지로 설명할 수 있습니다.

❶ 암수 구별 없이 드림

화목제를 드릴 때에는 소, 양, 염소 중 수컷이나 암컷의 구별 없이 희생 제물을 드릴 수 있었습니다(레 3:1).

❷ 유교병도 드림

화목제에는 유교병이 사용될 수 있었습니다(레 7:13).

❸ 제물을 나누어 먹음

공동 식사를 나눔으로써 축제적이고 친교적인 성격이 강했다는 것입니다(레 7:15).

❹ 새는 드리지 않음

화목제의 제물로 새는 드리지 않았습니다. 이것은 화목제의 특성상 제사 후 그 짐승의 고기를 함께 나누어 먹는데, 새는 그 고기의 양이 충분하지 않았기 때문입니다(레 3:1~17).

❺ 제물의 나머지를 취함

화목제는 제물을 드린 사람이 자신의 제물을 먹을 수 있는 유일한 제사였습니다. 화목제의 경우, 기름과 콩팥 부위만을 태운 후 그 나머지 고기는 일단 제단에 드려졌다가 다시 거두어 일부(가슴과 우편 다리 부분)는 제사장 몫으로 돌리고, 그 나머지는 제사를 드린 사람과 그의 가족들이 가난한 이웃과 더불어 성막 뜰에서 즐거이 먹을 수 있었습니다(레 7:11~18).

제물

화목제로 하나님께 바쳐질 희생 제물로는 제물 드리는 자의 생활 형편에 따라 세 가지 짐승이 가능했습니다. 흠 없는 수소나 암소, 흠 없는 숫양이나 암양, 흠 없는 숫염소나 암염소를 드릴 수 있었습니다(레 3:1~17).

절차

❶ 준비

제사를 드리는 사람이 암수를 막론하고 흠 없는 것으로 화목제 제물을 이끌고 회막문 앞(여호와 앞)으로 나옵니다(레 3:1).

❷ 안수

제사를 드리는 사람이 짐승을 잡기 전 제물의 머리 위에 안수합니다(레 3:2).

❸ 도살

안수 후, 그 제물을 번제단 곁 북편 뜰에서 잡습니다(레 3:2).

❹ 피 뿌림

제사장은 그 잡은 제물의 피를 취하여 번제단 사면에 뿌립니다(레 3:2).

❺ 화제

제사장은 화목 제물로 지정된 여러 부위를 취하여 번제단 위에 올려 화제로 여호와께 드립니다. 화목제의 희생 제물인 여러 부위의 기름과 콩팥은 반드시 번제물 위에서 불살라져야 했습니다(레 3:3~5).

종류

화목제는 세 가지의 경우에 드려졌습니다. 감사한 일이 있을 때, 서원한 것이 이루어졌을 때, 자원하는 마음이 있을 때입니다(레 7:12,16). 감사제는 예상하지 못한 축복이나 구원에 대한 감사의 표현이라고 할 수 있습니다.

감사의 화목 제물로 바친 제물은 당일에 먹어야 했습니다(레 7:15). 서원제는 서원과 간구할 때 축복과 구원에 대한 감사의 표현이었습니다. 하나님의 뜻대로 살고자 결심하는 증거물로 서원제를 드린 것입니다. 낙헌제(자원제)는 복이나 구원과 관계없이 하나님에 대한 감사의 표현이었습니다. 무조건 즐거운 마음으로 드리는 제사를 말합니다.

영적 의미

번제나 속건제 등 대부분의 제사가 제사 예물로서 반드시 수컷만을 요구하였던 반면, 특별히 화목제 제물의 경우에는 암컷, 수컷에 전혀 구별을 두지 않고 있습니다. 그 이유는 화목제의 목적이 하나님과 인간의 화해와 교통, 그리고 인간 사이의 상호 친밀한 교제를 도모하는 데 있는 만큼 거기에는 남녀의 차별이나 구별이 전혀 있을 수 없다는 사실을 보여주기 위함이었습니다. 다시 말해 하나님은 어떤 사람이든지 차별이 없으시다는 것을 뜻합니다.

또한 하나님께서는 짐승의 기름과 피를 먹지 말라고 명령하셨습니다. 기름과 피를 먹지 말라고 명령하신 이유는 기름은 생명을 유지시키는 힘의 근원이요, 피는 생명 자체를 나타내는 생명의 근원이기 때문입니다(신 12:23). 따라서 기름과 피를 먹지 말아야 하는 것은 모든 생명의 주관자이신 하나님의 주권을 인정하는 행위입니다. 그리고 피를 마시는 행위는 이방의 우상숭배자들이 즐겨 행한 제사 의식으로서 그 의식 속에는 이방의 잔인성과 포학성이 내포되어 있었기 때문입니다.

화목제는 예수님이 십자가에서 피 흘려 죽어 화목 제물이 되셨음을 보여 줍니다. 예수 그리스도께서 화목 제물이 되심으로 하나님과 사람 사이를 화해시키셨고(롬 5:10~11), 사람과 사람 사이를 화해시키셨습니다(엡 2:14~16). 이로 인해 하나님과 사람 사이의 화해와 교제가 이루어지고 사람들 상호 간의 기쁨의 교제가 나타납니다. 하나님과 인간 사이에 막힌 모든 죄악과 진노의 휘장이 찢어지고, 동시에 인간과 인간 사이를 가로막고 있던 모든 불신과 증오의 벽이 허물어지게 된 것입니다.

Section 14

속죄제

특성

- 번제단에서 태우지 않음
- 진 밖 재 버리는 정결한 곳에서 태움
- 향기로운 냄새의 제사가 아님
- 제물의 피를 뿌리고 바르고 쏟아부었음
- 부지 중 저지른 죄를 속하기 위한 것으로 손해 배상이 불가능할 때 드림

제물

- 양
- 염소(암, 수)
- 비둘기
- 가루 중 에바 1/10

절차

① 흠 없는 제물 선별
② 제사 드리는 자가 제물의 머리에 안수
③ 제사 드리는 자가 죽임
④ 제사장이 휘장 앞에 7번 뿌림, 분향단 뿔에 바름, 나머지는 번제단에 쏟음
⑤ 모든 기름은 번제단에 태움
⑥ 남은 부분은 진 밖 재 버리는 곳에서 태움

종류

- 제사장을 위한 속죄제(수송아지)
- 온 회중을 위한 속죄제(수송아지)
- 족장을 위한 속죄제(숫염소)
- 평민을 위한 속죄제(암염소, 어린양, 비둘기, 고운 가루)

영적 의미

- 인간의 죄를 담당하기 위하여 영문 밖 갈보리산 십자가에서 보혈을 흘림으로 인간의 죄를 속죄하였음

콕 Note

주여,
내 죄를 용서하여 주소서

운전 중 신호위반이나 과속운전을 하여 과태료 고지서를 받으면 반드시 벌금을 내야 하는 것처럼 죄를 용서받기 위해 반드시 드려야 하는 제사가 바로 속죄제[1]입니다. 이것은 하나님과의 관계 속에서 지은 죄인데, 이러한 속죄제의 특성과 바쳐지는 제물, 제사의 절차와 종류 및 영적 의미까지 한 눈에 보면서 정리해 보고자 합니다.

1) 속죄제
'죄를 덮는다'는 뜻으로, 하나님의 백성이 여호와 하나님의 계명에 대해 '그릇 범한 죄'나 '부지중에 범한 허물'을 속하기 위한 제사입니다. 번제나 소제, 화목제는 모두 자원제였지만 속죄제는 의무제에 속하는 제사입니다(레 4:1~35).

특성

속죄제는 사람이 하나님께 죄를 지었을 때 드리는 제사입니다. 사람이 스스로 깨닫지 못하다가 나중에 그 범한 죄를 깨닫게 되었을 경우에도 속죄제를 드려야 했습니다(레 4:2~3). 속죄제는 번제나 화목제가 피를 단순히 번제단 사면에 뿌렸던 것과 달리, 성소 내 휘장과 분향단(제사장이나 회중의 범죄), 성막 뜰과 번제단(족장이나 평민이 범죄)에 규례를 따라 피를 뿌리거나 바르고 쏟아붓기도 했습니다(레 4:6~7, 17~18, 25~26,34). 또한 번제나 화목제가 제물을 번제단에서 불태웠던 것과 다르게 속죄제는 기름과 콩팥은 번제단에서 태워서 드리되 제물의 나머지 부분은 재 버리는 곳에서 불태웠습니다(레 4:9,19,26, 31,35).

제물

속죄제는 사람의 신분에 따라 제물의 종류가 달랐습니다.

❶ 제사장, 이스라엘 회중 전체

제사장이나 이스라엘 회중 전체가 범죄한 경우, 흠 없는 수송아지를 제물로 드렸습니다.

❷ 이스라엘 족장

이스라엘 족장은 흠 없는 숫염소를 제물로 삼았습니다.

❸ 평민

평민은 흠 없는 암염소나 어린 암양을 속죄 제물로 바쳤습니다. 단 가난한 평민의 경우, 비둘기 두 마리를 제물로 삼는 것이 허락되었습니다.

❹ 극빈자

그 형편이 비둘기 새끼에도 미치지 못하는 극빈자의 경우, 고운 가루 십분의 일(1/10) 에바를 드리도록 했습니다.

절차

❶ 준비

제사드리는 사람이 흠 없는 제물을 선별하여 가지고옵니다.

❷ 안수

죄를 범한 사람이 제물의 머리에 안수합니다.

❸ 도살

제물을 가지고 온 사람이 그 제물을 죽입니다.

❹ 피 뿌림

'제사장의 죄'와 '회중 전체의 죄'에 대해 피를 찍어 성소의 휘장에 일곱 번 뿌리고 성막 안 향단 뿔에 바르고 나머지는 번제단 밑에 쏟습니다. '족장의 죄'와 '평민의 죄'에 대해 피를 손가락에 찍어 번제단 뿔에 바르고 나머지는 번제단 밑에 쏟습니다.

❺ 각을 뜸

제물을 잡은 사람이 그 제물의 가죽을 벗기고 각을 뜹니다.

❻ 기름과 나머지 처리

제사장이 제물의 고기를 처리하는데, 기름은 번제단에 태우고 제물의 남은 부분은 진 밖 재 버리는 곳에서 태웁니다.

종류

속죄제는 의무제로서 네 가지 등급으로 구분될 수 있습니다.

❶ 제사장을 위한 속죄제

하나님과 인간 사이의 중보자로서 제사장은 백성의 죄를 중재하기에 앞서 먼저 자신의 죄를 사함 받아야 했습니다. 특별히 제사장이 속죄제를 드릴 경우 오직 흠 없는 수송아지만 제물로 허용되었습니다.

❷ 이스라엘 온 회중을 위한 속죄제

이스라엘 온 회중이 범죄했을 경우에 드리는 속죄제는 제사장과 마찬가지로 수송아지를 제물로 합니다. 그리고 속죄제의 절차 또한 제사장의 경우와 동일합니다.

❸ 족장을 위한 속죄제

이 경우 제물은 흠 없는 숫염소였습니다. 족장이 범한 죄는 그 영향력 면에서 제사장의 죄나 회중 전체의 죄보다도 비교적 족장이 속한 지파 혹은 가족 내로 국한되어 있기 때문입니다.

❹ 평민을 위한 속죄제

이스라엘 평민이 계명을 어겼을 경우, 제물은 암염소 혹은 암양이었습니다. 그리고 가난한 자는 비둘기, 혹은 고운 가루를 제물로 드렸습니다.

영적 의미

먼저 속죄제는 우리 죄인들을 위해 대속 제물이 되사(요 1:29, 고후 5:21) 예루살렘 성문 밖에서 처형당하신 예수 그리스도의 대속 사역을 예표합니다. 제물에 차등을 둔 까닭은 가난한 사람들을 포함하여 모든 사람들에게 속죄의 은혜를 베푸시려는 하나님의 자비 때문입니다.

속죄제는 자비로우신 하나님께서 인간의 죄를 용서하시기 위해 반드시 행하도록 만드신 제사입니다. 그리고 이러한 속죄제는 신약에 와서 인간의 모든 죄를 용서하시기 위해 십자가에 못 박혀 죽으신 예수 그리스도를 모형적으로 보여 줍니다. 우리 모든 성도들은 예수 그리스도의 이러한 대속적 죽음으로 인해 보혈의 공로를 의지하여 하나님 앞으로 나아갈 수 있게 된 것입니다(히 10:8).

Section 15

속건제

특성

- 개인의 범죄에 대한 구체적인 제사
- 범과에 대한 죄고백(회개)이 있음
- 범과한 것에 대해 배상하는 제사
- 부지 중에 저지른 죄를 속죄하기 위한 것으로 손해배상이 가능할 때 드림

제물

- 숫양

절차

① 흠 없는 숫양
② 제사 드리는 자가 제물의 머리에 안수
③ 제사 드리는 자가 죽임
④ 제사장이 단사면에 피 뿌림
⑤ 제사장이 기름과 콩팥은 번제단에서 태움
⑥ 가죽과 고기는 제사장이 취함
⑦ 반드시 배상하는 제사

종류

- 성물을 그릇 범했을 때
- 금령을 범했을 때
- 문둥병 환자가 정결케 된 때
- 나실인 서원 드린 날
- 전당, 강도, 늑봉, 거짓 맹세, 남의 것 부당하게 취함
- 간음, 짐승 교합

영적 의미

- 인간의 지은 모든 죄는 스스로 해결할 수 없어 예수 그리스도께서 우리의 죄를 속하여 주심
- 누구나 죄 고백의 회개가 있을 때 십자가 피로 사함을 받음
- 채무자의 정신으로 사는 삶

콕 Note

주님,
대가를 지불하겠나이다

'눈에는 눈, 이에는 이'라는 말은 세상 사람들이 자신이 받은 피해에 대해 복수를 할 때 흔히 쓰는 말입니다. 이 말씀을 역으로 생각하면 내가 가해자가 되었을 때 피해자에게 어떻게 배상할 것인가를 생각하게 됩니다. 속건제[1]는 바로 이 사실, 즉 우리가 하나님께 죄를 지었을 때와 사람에게 잘못하였을 때의 배상 방법을 한눈에 보면서 정리해보겠습니다.

1) 속건제
'과오를 저지르다', '침해하다'란 뜻에서 파생된 말로 '죄책'이라는 의미를 가지고 있습니다. 이는 사람의 본질적 죄에 관한 제사가 아니라 윤리적이고 법적인 죄로 인한 죄책을 속하는 제사입니다(레 5:1~19).

특성

속건제는 하나님의 성물이나 계명 혹은 인간에게 해를 끼치거나 범과했을 때 그 죄를 속함 받기 위해 드리는 제사입니다. 그래서 특성상 개인적인 제사인데, 구약의 5대 제사들 중 속건제만의 특징은 희생 제물 외에 일정액의 손해 배상을 반드시 지불해야 한다는 점이 특징입니다. 그래서 속건제는 다른 제사들과 달리 배상의 성격을 강하게 띠고 있어 '배상제'라고 불리기도 합니다. 여기서 '배상'을 하는 목적은 '화해'에 있고, 이를 통해 가해자와 피해자가 서로 화평을 도모하도록 유도합니다. 결국 속건제 속에 담겨 있는 이 원리는 자기가 저지른 죄과에 대해 인정(고백, 회개)하고 책임을 지고 반드시 일정한 대가를 지불해야 한다는 점을 보여줍니다.

제물

속건제의 제물은 흠 없는 숫양입니다.

이는 하나님에 대한 속죄와 사람에 대한 속죄에 대해 언제나 두서너 세겔[2] 이상의 가치를 지닌 흠 없는 숫양을 요구함인데(레 5:15~16), 뿐만 아니라 속건제는 배상의 성격이 강한 제사이기 때문에 이와 더불어 속건제는 자신이 피해를 입힌 성물이나 이웃의 물건에 대해 본물 액수에다 본물의 1/5에 해당하는 벌과금을 아울러 드려야 했습니다(레 5:16).

2) 세겔은 1세겔은 노동자의 4일 치 품삯을 의미합니다. 하루의 임금을 5만 원으로 계산했을 때 은 1세겔은 약 20만 원의 가치를 가지고 있습니다. 금 1세겔은 은 1세겔의 15배의 가치를 가지고 있기 때문에 이를 계산해보면 약 300만 원입니다.

절차

❶ 준비

제사드리는 사람이 흠 없는 숫양을 선별하여 가지고옵니다(레 5:15).

❷ 안수

제사드리는 자가 제물의 머리에 안수합니다(레 5:18).

❸ 도살

제사드리는 자가 그 제물을 죽입니다(레 7:2).

❹ 피 뿌림

제사장이 단사면에 피를 뿌립니다(레 7:2).

❺ 기름과 콩팥을 태움

제사장이 번제단에서 기름과 콩팥을 태웁니다(레 7:3~5).

❻ 가죽과 고기 처리

가죽과 고기는 제사장이 취합니다(레 7:8~10).

종류

속건제는 크게 다음의 세 가지 경우에 드려졌습니다.

❶ 여호와의 성물에 대해 그릇 행하였을 때

여호와의 성물에 대해 범죄했을 때에는 반드시 속건제를 드립니다. 왜냐하면 성물은 여호와 하나님을 위해 사용되어야 하고, 사람을 위한 사사로운 일에는 사용될 수 없기 때문입니다. 따라서 희생 제물의 고기를 잘못 처리하거나 십일조를 드리지 않았을 경우, 속건제를 통해 죄 사함을 받아야 합니다(레 5:15~16).

❷ 여호와의 금령을 어겼을 경우

어떤 사람이 여호와 하나님의 계명을 의도적으로 어겨 그 주권을 침해했을 경우, 그 사람은 반드시 속건제를 드려야 합니다(레 5:17~19).

❸ 사람들 상호 간에 범죄했을 경우

사람들 상호 간에 범죄했을 경우는 다음과 같이 다섯 가지 죄의 유형으로 나눌 수 있습니다.

① 이웃의 물건을 위탁받고 그 사실을 부인하는 죄

② 이웃의 물건을 강도질하는 죄

③ 이웃의 담보물을 횡령하는 죄

④ 이웃의 물건을 사취하는 죄

⑤ 이웃의 물건을 주워 얻고도 그 사실을 부인하는 죄

영적 의미

속건제는 구속사적으로 심오한 뜻을 내포하고 있습니다. 사람이 하나님 앞에서 범한 모든 죄과는 반드시 배상이 요구되지만, 사람의 능력으로는 그 배상을 감당할 수 없습니다.

따라서 사람은 하나님으로부터 죄 사함을 받을 수 없고 오직 공의로운 심판만이 기다리고 있습니다. 그런데 예수 그리스도께서 죄인인 사람을 대신하여 친히 속건제의 제물이 되셨고, 이것이 죄인 된 인간의 죗값에 대한 배상이 된 것입니다. 우리의 죄에 대한 모든 배상은 예수 그리스도의 십자가 죽으심으로 완벽하게 처리된 것입니다(요 19:30).

속건제는 누구나 죄를 인정하고 회개하며 고백할 때 하나님께서 베풀어 주시는 은혜에 대하여 우리에게 알려줍니다. 인간 편에서 갚을 길이 없는 빚을 하나님께서 독생자 예수 그리스도의 십자가 보혈의 공로로 용서받고 모든 빚을 탕감 받게 되는 은혜입니다. 그 은혜를 입은 우리가 서로에게 지은 죄와 허물을 용서하며 사랑하는 삶을 살 때 선한 열매들이 우리의 삶에 나타날 것입니다.

Section 16

제사 방법에 따른 구분

	방법	종류	제물
화제	경배자가 가져와 안수하고 제사장이 잡고 다음은 희생 제물을 제단 위에서 불사름(레 1:6~9, 3:3~9) 제물의 피는 성막 기구 및 번제단 주위에 뿌림	• 번제 • 소제 • 화목제 • 속죄제 • 속건제	흠 없는 수소, 암소, 숫양, 암양, 숫염소, 암염소, 산비둘기, 집비둘기, 고운 곡식 가루, 기름, 유향 등의 모든 제물
요제	화목 제물의 가슴 및 곡식단을 높이 들어 앞뒤로 흔들어 바침(출 29:24,26)	• 화목제 • 속죄제 • 땅에 처음 익은 곡식 바칠 때	화목 제물의 가슴, 첫 곡식 단, 첫 이삭의 떡
거제	제사장이 화목제 희생 제물의 뒷다리를 위아래로 흔듦	• 화목제 • 땅의 첫 소산물을 드릴 때 • 십일조를 드릴 때 • 전리품을 드릴 때	처음 익은 곡식, 가루 떡, 타작 마당의 곡식, 십일조, 포도주, 기름 등
전제	포도주나 독주를 다른 제물과 함께 부어 드림(민 28:7)	• 번제 • 소제 • 화목제	포도주, 독주

콕 Note

어떻게 하나님을 기쁘시게 할까

'구약의 5대 제사'는 앞서 살펴보았던 번제, 소제, 화목제, 속죄제, 속건제입니다. 그런데 성경에는 이 밖에도 화제, 요제, 거제, 전제와 같은 명칭의 제사 용어가 또 등장합니다. 그래서 이러한 이름의 제사들을 그 방법과 종류, 제물에 따라 나누고 한 눈으로 살펴보면서 정리해 보겠습니다.

제사는 제사드리는 방법에 따라 4가지로 나누어 볼 수 있는데 이 4가지 방법을 성경은 '화제(火祭)', '요제(搖祭)', '거제(擧祭)', '전제(奠祭)'라고 기록하고 있습니다.

화제 (火祭, Offering by Fire)

구약 시대에 행해진 각종 희생 제사 가운데 '화제'는 희생제물을 불에 태워서 드리는 제사를 가리킵니다. 곡물을 제물로 드리는 소제(素祭)를 제외한 구약의 모든 제사(번제, 속건제, 속죄제, 화목제 등)는 희생 제물을 번제단 불에 태워 드리는 화제였습니다. 화제물로 사용된 것은 흠 없는 수소, 숫양, 암양, 숫염소, 암염소, 산비둘기, 집비둘기, 고운 가루, 기름, 유향 등입니다(출 29:18, 30:20; 레 1:9,13, 2:2,3,10,16, 4:35; 민 15:3, 29:6).

❶ 화제의 방법

① **제사 드리고자 하는 사람이 흠 없는 제물을 선별하여 성막으로 끌고 와 안수를 함**

② **죄인은 제단 북편에서 제물을 직접 잡음**(도살)

③ **제사장이 짐승의 피를 받아 단사면에 피를 뿌림**

④ **제사장은 제물의 고기를 번제단에서 모두 불태움**

요제
(搖祭,
Wave Offering)

요제는 제사장이 제물을 앞뒤로 흔드는 형태의 제사를 말합니다(레 7:30). 거제와 함께 동물 희생 제사 중 제사장이 받은 몫(가슴 고기)에 관해 행하는 의식이라 할 수 있습니다. 요제는 화목제의 희생 제물의 가슴을 드릴 때, 땅의 처음 익은 소산물을 드릴 때 행해졌습니다(레 9:21).

거제
(擧祭,
Heave Offering)

거제는 제물을 높이 들었다가 다시 내려놓는 제사를 의미합니다. 이스라엘 백성이 하나님께 드린 제물을 제사장이 하나님으로부터 다시 받는다는 의미를 가지고 있는데(출 29:27~28; 레 7:14,32) 제사장이 자신의 몫(거제물)으로 삼을 때 행하는 제사 의식이었습니다. 거제가 행해지는 때는 화목제 희생 제물의 오른쪽 뒷다리를 드릴 때, 땅의 처음 익은 소산물을 드릴 때, 십일조를 드릴 때입니다. 거제물에는 화목제 희생 제물의 오른쪽 뒷다리, 처음 익은 곡식 가루떡, 불태우지 않은 희생 제물 부분, 토지의 소산물, 십일조, 기름, 포도주 등이 있습니다(민 15:19, 18:9~11).

전제
(奠祭,
Drink Offering)

전제는 피를 상징하는 포도주나 독주를 붓는 제사를 뜻합니다. 구체적으로 전제는 제물을 제단에 올려놓고 불사르기 전에 그 제물 위에 포도주나 독주를 붓는 의식이라고 할 수 있습니다. 단독으로는 드려질 수 없고 번제, 소제, 화목제와 함께 드려졌습니다. 전제물로는 주로 포도주와 독주가 사용되었습니다(출 29:40~41; 민 15:5,7; 겔 20:28). 개역개정판은 '전제 제물(奠祭祭物)'이라고도 번역했고(레 23:18), 개역한글판은 '관제(灌祭)'로 표현되기도 했습니다(빌 2:17; 딤후 4:6).

구약의 다섯 가지 제사는 화제, 요제, 거제, 전제의 네 가지 제사 방식에 따라 드려졌습니다. 그리고 각 제사와 방식에는 모두 하나님의 뜻이 담겨 있고, 하나님은 제사를 통해 영광 받으시며 사죄의 은총을 베풀어 주십니다. 이것은 오늘날 예배를 통해 영광 받으시는 하나님께서 우리에게 동일한 영광을 받기 원하신다는 사실을 알게 해줍니다. 따라서 우리는 자신의 생각을 버리고 하나님께서 말씀하신 방식에 온전히 순종하며 구약의 제사 정신을 이어받아 신령과 진정으로 예배드리는 삶을 살아가야 할 것입니다.

Section 17

성경 9(7+2)절기

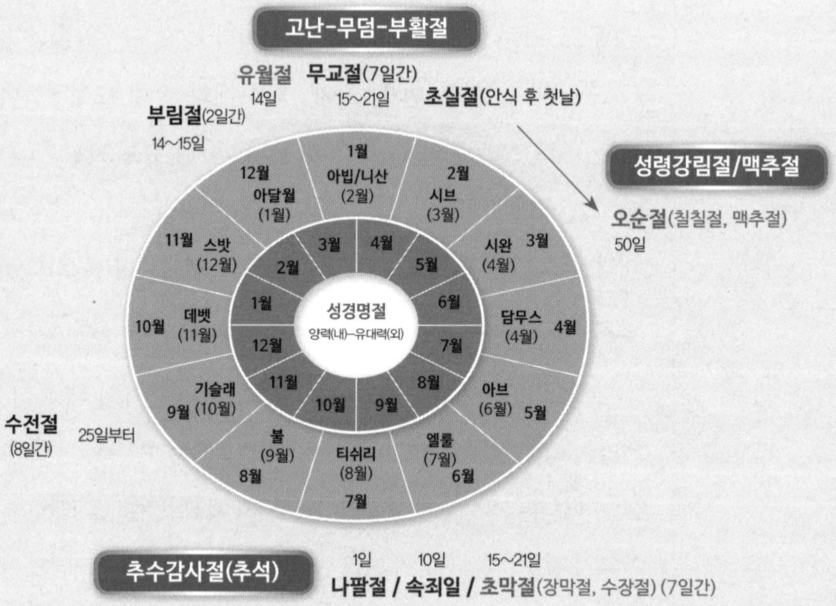

* 발췌 : I.B.A(Israel BoB Academy) 세미나(장재일 교수)

콕 Note

거룩한 날들

살아가면서 우리는 여러 기념일들을 기억하게 됩니다. 생일을 비롯하여 결혼기념일, 설날, 추석 등을 비롯한 여러 기념일들은 우리에게 특별한 추억을 가져다주고, 삶의 자세를 새롭게 하는 날들이 되기도 합니다.

이와 마찬가지로 성경에서도 거룩한 날들로 따로 구분을 해서 지키는 날들이 있습니다. 이것을 가리켜 '절기'라고 합니다.

이제 성경에서 1년 동안 기억하며 지키는 절기는 어떤 것들이 있는지 살펴보고자 합니다.

하나님께서는 선택하신 이스라엘 백성과의 관계회복을 위해 여러 가지 규례와 제사법, 절기를 가르쳐 주셨습니다. 이것은 이스라엘 백성의 출애굽, 즉 애굽에서의 노예의 삶에서 구출해 내신 것과 구원의 은혜를 잊어버리지 않게 하기 위함입니다.

이러한 절기는 주로 레위기에 나오는데 7절기[1](유월절, 무교절, 초실절, 칠칠절, 나팔절, 속죄일, 초막절)와 그 외에 부림절과 수전절 등이 있습니다. 이때 이스라엘 백성은 절기를 지키면서 하나님과의 관계를 되새기는 것뿐만 아니라, 국가적인 명절로 지키면서 민족의 정체성을 기억하는 시간이 되기도 했습니다.

1) 7절기
레위기 23장 4~44절 말씀에 있는 '성회로 삼을 여호와의 절기'입니다. 하나님께서 모세에게 이러한 여호와의 절기를 공포한 후 지키라고 말씀하신 것이 현재까지 이어지고 있습니다.

이러한 절기가 단순한 종교적 축제의 개념뿐만 아니라 국가적, 민족적인 명절이자 축제가 된 것입니다. 이를 통해 이스라엘은 하나님의 법에 의해, 하나님의 법으로 통치되는 신정 국가라는 사실을 다시금 확인할 수 있게 됩니다.

성경의 명절을 우리가 현재 쓰고 있는 양력(안쪽 동그라미)으로 보면 유대력과 약간의 차이를 보입니다(※달력의 자세한 차이는 section 27 히브리 달력에서 자세히 다룹니다).

이러한 유월절부터 초막절까지의 7절기들은 모두 여호와 하나님께 속해 있고, 하나님께 속한 모든 그리스도인들에게도 해당됩니다. 그렇기 때문에 절기는 지금 이 시대에도 반드시 교회 절기를 통해 기념해야 하며(민 9, 왕하 23, 대하 30) 이를 통해 우리의 신앙이 더욱 견고해질 수 있습니다.

성경에 기록되어 있는 절기들은 하나님께서 우리에게 주신 특별한 날입니다. 이러한 절기를 통해 우리의 신앙생활을 되돌아볼 수 있고, 하나님의 은혜와 사랑을 되새겨 볼 수 있는 유용한 기회가 됩니다. 하나님께서 직접 정하시고 지키라고 명령하신 절기, 우리를 위해, 우리를 사랑하시기 때문에 주신 절기를 바르게 알고 지켜나갑시다.

Section 18

유월절

특성	• 유대 종교력 1월 14일 • 하나님께서 이스라엘 장자들을 살려주심을 상기함 • 애굽의 종살이에서 해방된 것을 기념
절차	• 1월 10일에 흠 없고 일 년 된 숫양을 준비함 • 14일에 어린양의 피를 문설주와 인방에 바름 • 양의 고기를 구워서 무교병과 쓴나물을 곁들여 먹음 • 허리띠를 매고 발에 신을 신고 손에 지팡이를 잡고 급하게 먹음
영적 의미	• 유월절 어린양은 흠 없으신 그리스도의 죽음을 예시 • 성도들이 사망에서 생명으로 구원받음을 예시 • 성만찬을 암시함

콕 Note

가슴 뛰었던 밤, 몸서리쳤던 밤

만일 내가 물에 빠져 죽게 되었을 때, 혹은 불이 나서 죽게 되었을 때 누군가 목숨을 걸고 구조해 준다면 기분이 어떨까요? 이스라엘 백성에게도 이러한 죽음의 위기 속에서 결코 잊을 수 없는 순간이 있었습니다.

바로 유월절입니다. 애굽에 내려진 10가지 재앙, 그중에서도 10번째 재앙이 닥쳐왔을 때, 하나님께서는 선택한 백성을 특별한 방법으로 살려 주셨습니다. 이제 유월절을 이스라엘 백성이 어떤 방식으로 지키게 되었는지를 살펴보고자 합니다.

유월절의 특성

유월절[1]은 유대인들의 3대 절기(유월절, 칠칠절, 초막절) 중 가장 큰 명절입니다. 유월절의 뜻은 출애굽기 12장 13절에 나타나 있는데 '내가 피를 볼 때에 너희를 넘어가리니, 재앙이 너희에게 내려 멸하지 아니하리라'고 했습니다. 원어로 보면 '넘어간다(To Passover)', '뛰어넘다(To Leap)'라는 동사입니다. 또한 이 단어를 명사로 바꾸면 절기를 나타내는 유월절도 되지만 유월절에 먹는 어린양도 되며, 유월절 축제일도 됩니다. 그러므로 이 유월절은 재앙과 죽음을 넘어감으로써 그것을 면케 되고, 결박과 멸망의 자리에서 '유월절의 어린양'을 잡아먹음으로 자유와 구원을 받은 날을 기념하고 지키는 명절입니다. 따라서 이 절기는 하나님께서 애굽에 내리신 마지막 재앙으로 인하여 애

1) 유월절
유월절(페사흐)은 '넘어간다'는 뜻입니다. 출애굽기 12장 1~57절에 그 기원과 방법, 결과를 나타내고 있으며, 이에 근거하는 레위기 23장 4~5절에는 유월절 절기를 지킬 것을 명하고 있습니다.

굽인들의 모든 장자가 죽임을 당할 때에, 이스라엘 백성은 어린양의 피에 의해 재앙이 지나가고 구원함을 받았던 것을 기념하였던 날입니다.

유월절의 절차

유월절은 '대속의 구원'을 기념하는 절기입니다.

유월절 절기의 시작은 정월(니산월) 14일 저녁부터 시작되었습니다(레 23:5). 정월 10일에 유월절 어린양을 준비하고 그 양을 14일 저녁에 그 집의 가장이 잡아 그 피를 좌우 문설주와 인방에 바르는데, 이 의식은 유월절 의식의 절정으로서 피의 대속에 대한 하나님의 언약을 믿는 믿음을 표현하는 행위입니다.

유월절의 의식에 있어서 가장 중요한 점은 아침까지 밖에 나가지 말고 집 안에 있어야 한다는 것입니다(출 12:22). 이것은 피의 보호 안에 있을 때에만 죽음의 재앙으로부터 구원받고 보호받을 수 있음을 뜻합니다. 그리고 유월절에 참여할 수 있는 자의 자격은 오직 할례받은 이스라엘 자손만 가능했으며(출 12:48~49), 불결한 자나 무할례자는 참여하지 못했습니다.

유월절의 영적 의미

❶ 어린 양은 예수 그리스도의 몸을 상징

유월절의 흠 없는 어린 양은 우리를 위해 십자가에서 죽으신 '예수 그리스도의 몸'을 상징합니다. 예수 그리스도께서 우리의 죄를 인하여 흠 없고 점 없는 어린 양처럼 이 땅에 오셔서 죄가 없는 몸으로 십자가에 죽으신 것입니다.

❷ 성만찬의 기초

유월절은 성찬식의 기초입니다. 예수님께서 유월절 양이 된다는 것은 반드시 십자가 사건과 성찬식으로 연결된다는 것입니다(마 26:26~29). 그래서 우리는 이제 더 이상 속죄 제물이 필요 없게 되었고 예수님의 보혈을 믿음으로써 죽음의 권세로부터 자유하게 된 것입니다.

'내가 그 피를 유월절 그 양의 피를 볼 때에 내가 너를 넘어가리라'(찬 199장 후렴) 이 찬양의 가사처럼 유월절 어린양의 피가 우리를 구원해 줍니다. 다시 말해 예수 그리스도의 십자가 보혈의 공로를 믿는 우리에게는 죄로 인한 심판과 사망이 넘어간다(To Passover)는 것입니다(마 26:26~29). 그래서 우리는 이제 더 이상 속죄 제물이 필요 없게 되었고, 예수님의 보혈을 믿음으로써 죽음의 권세로부터 자유하게 된 것입니다.

Section 19

무교절

특성	• 유대 종교력 1월 15~21일 • 유월절의 연속 • 애굽에서 급하게 빠져나온 이스라엘 백성의 고생을 기념함
절차	• 유월절 다음 날인 1월 15일부터 7일 동안 누룩 없는 무교병을 먹음 • 첫날에 집안에 누룩을 없앰 • 첫날과 마지막 날에 노동을 하지 않고 성회로 모임 • 7일 동안 하나님께 화제를 드림
영적 의미	• 무교병은 구원받은 성도와 교회의 전적인 희생과 봉사를 암시함 • 죄 없으신 그리스도의 몸이 성도들을 위해 찢기심을 암시

콕 Note

선택받은 자들의 잔치

'고진감래(苦盡甘來)'란 '고생 끝에 낙이 찾아온다'라는 말입니다. 이스라엘 백성에게도 이러한 고진감래와 같은 감격의 시간이 있었는데, 이것이 바로 무교절입니다. 이 절기에는 유월절을 겪고 난 후, 유대인들이 힘들게 고생해왔던 날을 기념하며, 모든 일들을 잠시 쉬면서 하나님께 예배하였습니다. 이 절기를 통해 오늘날 우리에게 주신 하나님의 은혜를 다시금 되새겨 볼 수 있도록 살펴보고자 합니다.

무교절의 특성

무교절[1]은 유대 종교력으로 1월 15일부터 21일까지 지켰던 절기이며 '누룩 없는 떡의 축제일'을 의미합니다. 무교절은 하나님께서 이스라엘 장자들을 살려주셨음을 기억하며 동시에 애굽에서의 종살이에서 해방된 것을 기념하기 위한 절기입니다. 그래서 무교절은 고난의 땅 애굽에서 급히 빠져나오기 위해 서둘러야 했던 백성의 마음을 기억하는 '추억제'의 성격을 가지고 있으며, 성경은 이때에 모든 일들을 잠시 쉬면서 하나님께 화제를 드려야 한다고 말씀하고 있습니다(레 23:1~8).

무교절의 절차

이러한 무교절의 절차는 다음과 같습니다. 먼저 1월 10일에 흠 없고 일 년 된 숫양을 준비하고, 그다음 14일에 어린양의 피를 문설주

1) 무교절
무교절(The Feasts Of Unleavened Bread)은 유월절에 바로 이어 15일부터 7일 동안 무교병을 먹으며 지키는 절기입니다. 그 기간에 누룩을 제하고, 누룩 없는 음식을 먹으며 첫날에(1월 15일) 성회로 모이고, 제7일 끝날에 다시 성회로 모입니다. 이 때는 아무 노동도 하지 않고, 하나님께 화제를 드렸습니다(레 23:1~8).

와 인방에 바릅니다. 그 후 양의 고기를 구워서 무교병과 쓴 나물을 곁들여 먹고, 허리띠를 매고 발에 신을 신고 손에 지팡이를 잡고 급하게 먹어야 합니다.

무교절의 영적 의미

무교절의 영적 의미는 무교절에 하지 말아야 할 일과 해야 할 일을 통해서 그 의미를 유추해 볼 수 있습니다.

❶ 무교절에 하지 말아야 할 일

1 새 소제 누룩을 넣지 말아야 합니다

유월절이 끝나고 무교절이 시작되는 첫날에 먹는 무교병은 반드시 누룩을 넣지 말아야 합니다(출 12:15,20; 레 23:6). 성경에 보면 이 누룩은 죄와 악을 의미합니다(고전 5:6~8). 그리고 누룩은 죽음을 의미하기도 합니다. 이 죽음은 죄의 대가요, 악의 열매로서의 죽음을 말합니다(롬 5:21, 6:23). 그래서 만일 이때에 유교병을 먹는 자는 이스라엘에서 끊어진다고 했는데, 이 '끊어진다'는 단어는 하나님의 백성의 자격을 상실한다는 뜻입니다(출 12:15,19).

2 노동을 하지 말아야 합니다

무교절을 지킬 때에는 첫날과 제 칠 일에 노동을 하지 말아야 합니다. 그 이유는 이날들이 성회의 처음과 끝이 되기 때문이며, 거룩한 성회에 전심전력하고 오직 하나님께만 경배드리고 거룩한 교제를 누리기 위함입니다(출 12:16; 레 23:78; 민 28:18~25).

❷ 무교절에 해야 할 일

1 성회로 모여야 합니다[2]

성회는 첫날(15일)과 마지막 날(21일)에만 시행되었습니다. 이때에는 번제, 소제, 속죄제를 함께 드립니다(출 12:16, 레 23:78).

2 무교병을 먹어야 합니다

순수한 곡식을 가지고 정결한 음식물을 만들어 먹으며, 성회를 지켜야 하는 것입니다. 이를 통해 이스라엘 백성은 자신들이 죄악의 소굴이었던 애굽에서 탈출하였음을 기억하며 더 이상 누룩으로 상징되는 죄의 요소를 가까이하지 않기를 다짐하였습니다(출 12:15,19, 13:6~23, 34:18; 레 23:6; 민 28:28; 신 16:38).

3 첫날과 마지막 날을 제외한 모든 날에 노동을 해야 합니다

즉 일하는 날은 둘째 날에서 제6일까지입니다. 하나님께서는 아담의 범죄 이후 남자에게 얼굴에 땀이 흘러야 식물을 먹는다고 말씀(창 3:19)하셨고, 이에 따라 인간은 땅에서의 수고를 통해 얻은 수확물을 먹으며 살아갈 수 있게 되었습니다. 또한 무교절에서의 일은 애굽의 고통스러운 사역과 애굽에서 탈출하여 가나안으로 행할 때의 그 일을 기념하는 의미도 있습니다(출 12:16,20; 레 23:78).

무교절에서 우리가 알아야 할 사실은 무교병은 십자가에서 죽으신 예수 그리스도의 몸을 예표한다는 것과 참 교회의 상징이라는 사실입니다. 또한 무교병은 하나님께 대한 전적 헌신과 봉헌의 상징입니다. 이러한 영적 의미를 되새겨 보며 우리를 사망에서 생명으로 구원해 주신 하나님의 은혜에 더욱 감사해야 할 것입니다.

2) 무교절에 모이는 성회
무교절 7일 중에 첫날과 제7일에 성회로 모이는 것은 민수기 28장 19~23절 말씀에서 구체적인 내용을 찾아볼 수 있습니다. 첫날과 제7일에 성회로 모일 때에는 수송아지 둘과 숫양 하나와 일 년 된 숫양 일곱을 다 흠 없는 것으로 여호와께 화제를 드려 번제가 되게 할 것이며, 그 소제로는 고운 가루에 기름을 섞어서 쓰되 수송아지 하나에는 에바 십 분의 이를 드리고, 어린양 일곱에는 에바 십 분의 일을 드릴 것이며, 또 너희를 속하기 위하여 숫염소 하나로 속죄를 드리되 아침의 번제, 곧 상번제 외에 그것들을 드려야 한다고 했습니다(민 28:19~23).

Section 20

초실절

특성	• 유월절 후 첫 안식일 다음 날 • 곡물을 주신 하나님께 감사함 • 모든 공급이 하나님께로부터 옴을 인정함
절차	• 추수 전 곡식의 첫 이삭 단(보리)을 하나님께 요제로 흔들어 바침 • 번제, 소제, 전제를 드림 • 예물을 드리기 전에 사람이 먼저 먹어서는 안 됨
영적 의미	• 부활의 첫 열매로서 그리스도는 성도들의 부활의 보증이 되심

콕 Note

첫 열매는 내 것이 아니다

농부가 추운 겨울을 지나 봄에 씨를 뿌리고, 여름 내내 힘겹게 가꾸고, 가을에 그 결실을 맺어 추수할 때의 기쁨을 아시나요? 1년 내내 수고했던 것에 대한 첫 수확의 기쁨처럼 초실절은 처음 곡식을 추수했을 때, 기쁜 마음으로 하나님께 제사를 드렸던 절기입니다. 이 절기를 통해 우리와 함께하시며, 우리를 세밀하게 보살펴 주시는 하나님의 은혜와 돌보심에 감사했던 모습을 이 시간 우리도 기쁜 마음으로 살펴보도록 합시다.

초실절의 특성

초실절은 유월절 후 첫 안식일 다음 날에 있었던 절기입니다. 이때 거두는 보리 추수의 첫 열매를 가장 먼저 하나님께 감사함으로 봉헌하는 절기(출 34:22)인데, 이것은 모든 공급이 하나님께로부터 온다는 것을 인정하는 것입니다(레 23:9~14). 따라서 초실절 행사를 치르기 전에는 누구도 보리 수확의 열매를 먼저 먹을 수 없었습니다.

초실절의 절차

초실절의 절차는 먼저 곡물을 거둘 때에(추수 전) 곡물의 첫 이삭 한 단(보리)을 제사장에게 가져가 안식일 이튿날 요제로 흔들어 바칩니다. 그 후 번제, 소제, 전제를 드리는데 번제는 일 년 되고 흠 없는 숫양을 여호와께 번제로 드렸으며, 소제로는 기름 섞은 고운 가루 십

분의 이 에바를 여호와께 드려 화제로 삼아 향기로운 냄새가 되도록 했습니다. 그리고 전제로는 포도주 사분의 일을 드렸는데, 이러한 예물을 드리기 전에 사람이 먼저 먹어서는 안 됩니다(레 23:9~14).

초실절의 영적 의미

❶ 예수 그리스도를 상징

초실절에 하나님께 바쳐졌던 첫 이삭 한 단은 예수 그리스도를 상징합니다. 또한 이삭 단은 곡식 중에서도 저급한 종류인 보리 단을 가리키는데 이는 예수님께서 낮고 천한 인간의 몸을 입고 이 땅에 강림하신 것뿐 아니라 그분이 수욕 당하실 때의 비참한 상태를 의미합니다(엡 2:6~8).

❷ 주일을 상징

첫 이삭 단은 안식일 다음 날에 흔들어 하나님께 바쳐졌는데, 안식일 다음 날은 예수님께서 '잠자는 자들의 첫 열매'가 되신 날, 곧 주일을 상징합니다.

❸ 부활을 상징

초실절에 제사를 드리면서 행했던 이삭 단을 흔드는 의식은 예수님께서 죽음에서부터 깨어나는 부활을 상징합니다(고전 15:20).

❹ 추수에 대한 보증을 상징

첫 이삭 단은 다가올 추수에 대한 확실한 보증을 뜻합니다. 즉,

각종 역경을 이겨내고 무르익어서 낫을 기다리고 있는 남은 곡식들도 반드시 추수될 것임을 보증한다는 의미이며, 예수 그리스도를 믿는 모든 성도들에게까지 그 영향이 미치게 된다는 것을 의미합니다(행 26:23).

초실절의 영적 의미는 지금도 유효합니다. 고린도전서 15장 23절 말씀에 '그러나 각각 자기 차례대로 되리니 먼저는 첫 열매인 그리스도요. 다음에는 그리스도가 강림하실 때에 그에게 붙은 자'라고 하신 말씀은 부활의 첫 열매가 되시는 예수 그리스도의 부활을 믿는 모든 성도들에게도 동일하게 주어졌다는 것을 의미합니다. 이러한 기쁨 속에서 거두게 되는 첫 열매와 이를 기쁨으로 드렸던 신앙의 선조들의 제사 모습을 기억하며 우리도 이 절기를 통해 우리를 구원하심에 감사 감격했던 은혜의 때를 돌아보며 감사합시다.

Section 21

칠칠절

특성	• 무교절 기간 중 첫 열매를 바친 날(초실절)로부터 50일 되는 날 • 밀 추수의 첫 소산을 바치고 봉헌하기 위함 • 성전 파괴 후에는 시내산에서 율법 받은 것을 기념하는 의미로 지킴 • 신약적 명칭은 오순절임
절차	• 모든 수확물은 첫 열매를 제물로 바친 뒤에야 사용 가능함 • 떡 두 덩이를 요제로 드림 • 소제, 번제, 속죄제, 화목제, 요제를 드림 • 남자들은 할렐(시 113~118)을 낭독하며 가무에 참가함
영적 의미	• 오순절, 그리스도께서 승천하신 후 성령님의 강림을 예시 • 떡 두 덩이는 유대인과 이방인, 구약과 신약을 의미함

콕 Note

기쁨과 감사의 보리 추수

요즘은 아기가 태어나면 병원에서 아기의 소중한 시간을 기념해주기 위해서 '50일 촬영 무료쿠폰'을 줍니다. 이를 통해 100일과 첫 돌까지 계속 아기의 성장을 기념할 수 있게 됩니다. 그런데 성경에서도 이렇게 50일을 기념할 수 있도록 해주는 절기가 있는데, 초실절을 드린 후, 50일째 되는 날이 바로 칠칠절 또는 오순절이라고도 합니다. 안식일이 7번이 지나가기에 칠칠절[1]이라고 불렀는데 이 절기를 통해 성경이 우리에게 전해주는 여러 가지 내용을 그림을 통해 좀 더 자세히 살펴보겠습니다.

1) 칠칠절
칠칠절(七七節, Feast of Weeks)은 유월절 후 첫 안식일 다음 날 보리의 첫 단을 드리는 초실절로부터 50일째 되는 날입니다(출 34:22). 이날은 밀 수확의 첫 열매를 하나님께 드리던 감사와 기쁨의 절기로 '맥추절'(출 23:16), '오순절'이라고 부릅니다(민 28:26; 신 16:10).

칠칠절의 특성

칠칠절은 보리의 첫 곡식 단을 여호와께 드린 날(초실절)로부터 7주가 지난 다음 날, 곧 50일째 되는 날에 밀의 첫 수확을 하나님께 드리는 날입니다(출 34:22). 이날은 모맥(牟麥)을 거두는 때이므로 '맥추절'이라고도 했습니다(출 23:16). 그리고 유월절 축제 때 보리단을 바치고 난 후 50일 만에 지키는 절기이므로 신약적 명칭으로는 '오순절'이라고도 부릅니다(민 28:26; 신 16:10).

칠칠절의 절차

❶ 칠칠절의 핵심

칠칠절은 신분이 높고 낮음에 관계없이 지켰으며(신 16:11), 성전 파괴

후에는 시내산에서 율법 받은 것을 기념하는 의미로 지켰습니다. 그들이 지킨 절기의 장소는 성막인데(신 16:11), 이것은 칠칠절이 추수에 대한 감사의 절기였기 때문에 칠칠절 규례의 핵심이 제사임을 보여 줍니다.

❶ 칠칠절의 다섯 가지 감사제

칠칠절의 감사제는 다섯 가지이며, 이에 대한 성경적 근거는 레위기 23장 15절부터 22절까지의 말씀입니다.

1 소제

이때 드리는 소제는 고운 가루에 누룩을 넣어서 구운 떡 두 덩이를 첫 요제로 여호와께 드렸습니다.

2 화제

화제의 제물로는 일 년 된 흠 없는 어린 양 일곱 마리와 어린 수소 한 마리, 숫양 두 마리입니다. 이것들을 소제와 그 전제물과 함께 번제로 드렸습니다.

3 속죄제

그다음 속죄제를 드렸는데 이때의 제물은 숫염소 한 마리였습니다.

4 화목제

일 년 된 어린 숫양 두 마리와 첫 이삭의 떡과 함께 드렸는데, 그 두 마리 어린 양을 여호와 앞에 흔들어서 요제를 삼았습니다. 그리고 이는 여호와께 드리는 성물이므로 제사장에게 돌렸습니다.

5 성회

마지막으로 이날은 성회로 공포되고 아무 노동도 하지 않도록 함으로 오직 하나님과 교제하며 주님의 은총만 사모할 수 있도록 하였습니다.

칠칠절의 영적 의미

❶ 교회 형성의 예표

칠칠절은 먼저 성도의 첫 열매인 예수 그리스도의 부활로 말미암아 성령의 역사로 이루어질 교회 형성의 예표입니다.

❷ 유교병은 성도의 몸을 상징함

유월절의 무교병이 예수 그리스도의 순결한 몸의 상징이라면 누룩 넣은 유교병은 그리스도의 피로 속죄받고 회개한 이 땅의 성도의 몸을 상징합니다.

❸ 구약과 신약을 상징함

여호와께 바치는 떡 두 덩이는 구약과 신약을 상징하는데, 이는 신약 시대로 넘어와서 두 교회, 즉 유대인과 이방인 교회의 상징이 되기도 합니다.

칠칠절은 이 땅에 교회를 세우시고 통치하시는 하나님의 주권을 나타냅니다. 성경이 구약과 신약으로 나누어져 있는 것처럼 보이지만 하나의 책을 이루어 우리에게 복음이 된 것처럼, 하나님 안에서 유대인과 그리스도를 구주로 믿는 우리가 하나되어 땅끝까지 전파되어야 하는 복음을 들고 앞장서는 은혜가 있기를 바랍니다.

Section 22

나팔절

특성	• 유대 종교력 7월 1일 • 민간력으로는 1월 1일로 새해 시작을 기념함
절차	• 이날을 안식일로 삼고 노동을 하지 않고 성회로 모임 • 기쁨과 즐거움의 나팔을 붊 • 번제, 속죄제, 소제를 하나님께 드림
영적 의미	• 나팔 소리는 그리스도의 재림을 예시함 • 그리스도 안에서 속죄함 받아 새롭게 생활함을 암시함

콕 Note

새해의 나팔 소리

'기상나팔'을 불면 자던 군인이 벌떡 일어나듯이 성경에서도 나팔을 불어 전쟁의 신호로 삼거나 하나님을 찬양하기도 하는 등 여러 가지 모습으로 나팔 소리가 울려 퍼졌습니다. 그중 나팔절[1]은 나팔을 불어 민간력(농경 중심의 달력)으로 새해가 선언되는 날인 7월 1일(종교력)에 새해가 시작되었음을 알리고, 이스라엘 백성이 깨끗한 삶으로 새롭게 출발할 수 있도록 준비해 주는 날입니다. 우리의 상상 속에만 있던 이날의 나팔 소리를 그림을 통해 살펴보겠습니다.

1) 나팔절
나팔절(喇叭節, a sacred assembly commemo-rated with trumpet blasts)은 유대력 7월 1일에 지킨 절기이며 이날 이스라엘 백성은 하루 동안 노동을 금하고 안식하면서 성회를 갖고 희생제사를 하나님께 드렸습니다(민 29:1~6; 레 23:24~25).

나팔절의 특성

나팔절은 유대 종교력으로 7월 1일에 지키는 절기입니다. 민간력으로는 1월 1일에 지켜졌기에 '신년절'이라고도 합니다. 이날 사람들은 일을 쉬고 성회를 열어 희생 제사를 드렸습니다. 이때의 제사는 새해 첫날을 맞이하여 그동안 지켜 주신 여호와의 은혜에 감사하면서 그날을 온전히 여호와께 헌신하기 위함이었습니다. 그래서 나팔절은 하나님의 새로운 날이 도래했음을 알리고 기쁨으로 새날을 맞이하기 위한 안식의 날로 지켰는데, 특별히 전국 각지에서 나팔을 불어 기념했고 예루살렘에 있는 중앙 성소에서는 새해를 축하하며 하나님께 제사를 드렸습니다.

나팔절의 절차

❶ 안식일 성회로 모임

나팔절은 안식일로 지키며 함께 성회로 모입니다. 이때에는 성회로만 모이고 어떠한 노동도 금지되었습니다.

❷ 기쁨과 즐거움의 나팔을 분다

나팔절의 특징은 안식일에 나팔을 불었던 것인데, 이는 하나님의 새로운 날이 도래했다는 것을 알리고 또한 기쁨으로 새날을 맞을 것을 선포하기 위함이었습니다.

❸ 번제, 소제, 속죄제를 드렸다

이때 번제, 소제, 속죄제는 '화제'로 드렸으며, 여호와 앞에서 거룩한 제사로 다 함께 드렸습니다.

나팔절의 영적 의미

❶ 그리스도의 복음 전파를 예시

나팔절에 드리는 제물은 그리스도를 상징합니다. 그리고 그날에 부는 나팔 소리는 곧 그리스도의 복음 전파를 상징합니다.

❷ 속죄함과 새 생활을 상징

나팔절에 사용된 나팔은 순전히 은으로만 만든 것이었는데, 이는 복음의 순전함을 상징합니다. 하나님께서는 나팔을 만들라는 명령과 나팔을 만드는 방법, 그리고 그 재료 등에 관해서 일일이 지시하고 명령하셨는데, 마찬가지로 모든 복음은 하나님께로부터 나온 것입니다. 즉 하나님의 사랑이 복음을 제안하였고, 하나님의 지혜가 복음을 만들었으며, 인간이 그 무엇도 더하거나 뺄 수 없는 완전한 것입니다(계 22:18~19).

❸ 그리스도의 재림을 예시

신약 시대에 와서 나팔 소리는 예수 그리스도의 재림과 깊은 연관이 있습니다. 찬송가 168장의 고백처럼 하나님의 나팔 소리가 천지진동할 때에 예수 그리스도께서 영광 중에 구름타고 다시 오십니다.

'나팔 불 때 나의 이름 부를 때에 잔치 참여하겠네'(찬 168장 중). 이 찬양의 가사처럼 하나님의 나팔소리가 이 땅에 울려 퍼지는 때를 소망하며 우리는 이 땅에서 영원한 하늘나라를 바라보아야 합니다. 날마다 주님 앞에 죄 용서함 받은 속죄의 은혜를 가지고 신앙생활을 할 때 우리의 삶 속에서 새로운 생명이 나타날 것입니다.

Section 23

속죄일

특성	• 유대 종교력 7월 10일 • 온 백성의 죄를 정기적으로 속함 • 성소의 성결
절차	• 두 염소를 선택하여 한 마리는 번제로 드림 • 남은 한 마리는 아사셀 염소로써 대제사장이 안수하여 이스라엘 백성의 죄를 전가시켜 광야에 내어 보냄 • 대제사장이 1년에 한 번 지성소에 들어가는 날임
영적 의미	• 그리스도의 속죄의 피를 예표함 • 자신의 죄를 자각하며 통회하는 날임 • 그리스도의 속죄는 단 한 번으로 완성됨

콕 Note

두 마리의 염소가 필요해요

우리나라 군인들은 민간인으로 신분이 바뀌는 '선역일'만을 손꼽아 기다리곤 합니다. 그 날을 기다리면서 새삼 깨닫는 것은 자유의 소중함과 감사입니다. 이와 마찬가지로 속죄일[1]에는 7월 10일(종교력)에 모여 두 마리의 염소를 가지고 한 마리는 제사장이 제단에서 번제로 드리고, 다른 한 마리는 온 백성의 죄를 전가시켜 멀리 보내게 됩니다. 그것을 통해 백성이 하나님 앞에 사죄함을 받는 감격의 날로 삼았던 것인데, 이러한 속죄일의 여러 가지 내용을 좀 더 자세히 살펴보겠습니다.

1) 속죄일
속죄일(贖罪日, day of atonement)은 종교력 7월 10일의 대속죄일을 말합니다. 이날에는 대제사장이 자신과 권속을 위해, 또 죄로 더럽혀진 성소와 성물들을 위해(성소조차도 백성의 죄로 인해 오염되었기 때문에), 그리고 이스라엘 온 백성을 위해 국가적인 속죄를 드리는 날입니다(레 16:1~34).

속죄일의 특성

속죄일은 유대 종교력으로 7월 10일에 지키는 절기입니다.

속죄일은 '화목제의 날'이라는 뜻이며, 일 년에 한 번(정기적) 하나님께 대제사장과 백성의 죄를 대속하는 날입니다. 지금까지의 모든 절기는 하나님께 감사를 표하는 것이었고, 속죄일은 죄 씻음을 선포하는 날로서 다른 절기와 구별되는 특성이 있습니다.

속죄일의 절차

❶ 번제

속죄일에 대제사장은 번제를 드리기 위해 몸을 깨끗이 씻고, 세마포 속옷과 고의를 입고, 세마포 띠를 허리에 두르고, 머리에는 세마

포로 된 관을 씁니다. 이는 마치 노예가 옷을 입는 것과 같은 것으로 하나님 앞에 나아가는 종의 모습을 보여 줍니다. 대제사장은 그와 그의 가족의 죄를 대속하기 위해 수송아지로 먼저 번제를 드렸습니다. 이것이 속죄일에 가장 먼저 행해졌던 제사입니다(레 16:14).

❷ 아사셀의 염소

제사장이 먼저 번제를 드린 이후에 백성을 위해서는 염소를 잡아 그 피로 백성의 죄를 대속하였습니다. 속죄 제물로 쓰인 두 마리 염소 중 아사셀[2)]을 위한 염소는 광야로 보내어 백성의 죄를 속죄하였는데, 이것은 백성의 죄를 진 밖으로 내보냄을 교훈하는 강력한 시각 교재가 되었습니다.

❸ 지성소에 들어감

이날 대제사장은 1년에 한 차례만 들어갈 수 있는 지성소에 희생의 피를 가지고 들어갈 수 있었습니다(레 23:27, 25:9).

2) 아사셀
'아사셀(Azazel)'이라는 단어는 속죄일에 관한 규정에서 나오는데(레 16:8, 10, 26) "사라지는 염소"라는 의미가 있습니다. 대제사장은 아사셀의 머리에 양손을 얹고, 그 위에 이스라엘 백성의 죄를 고백하였습니다. 그 후에 사람들은 이 염소를 광야로 내보냈습니다. 이렇게 하여 아사셀은 상징적으로 이스라엘 백성의 죄를 지고 광야로 사라지게 됩니다(위치타워 온라인 라이브러리).

초실절의 영적 의미

❶ 그리스도의 속죄의 피를 예표

일 년에 한 차례씩 피를 가지고 지성소에 들어가 이스라엘의 속죄를 위해 하나님께 제사 드리는 대제사장의 사역은, 그리스도께서 갈보리에서 이루신 구속 사역을 하나님 앞에 드러내기 위해 하늘에 들어가셔서 그의 피로 영원한 속죄를 이루심을 뜻합니다(히 9:12).

❷ 죄를 자각하며 통회함

이날이 되면 이스라엘 백성은 모두 노동을 금하고 금식하며 철저하게 자신의 죄를 슬퍼해야 했습니다(레 16:29, 23:28~31).

그리고 대제사장이신 그리스도께서 하나님께 나아가 이루신 속죄의 사역을 힘입어 성도 역시 완전한 속죄를 이루고 그 앞에 나아가게 됩니다.

❸ 단 한 번의 완전속죄

그리스도의 속죄는 단 한 번의 완전한 속죄입니다(히 9:19~28, 10:5~10). 이러한 속죄함을 얻은 우리는 그리스도의 공로를 힘입고 하나님 앞에 나아가는 '대속죄일'에 그곳에서 영원히 주님과 함께 왕 노릇하게 됩니다.

속죄일은 성도들이 그리스도의 재림으로 말미암아 변화되어 영화로운 몸으로 그의 나라에 들어갈 것에 대한 상징입니다. 죄 사함을 받은 거룩한 날은 우리의 신분이 죄인에서 의인으로 바뀌게 된 날이기 때문에 감사와 감격이 넘칩니다. 이러한 속죄의 은총을 날마다 기억하며, 이 땅에 오셔서 완전한 속죄의 제물이 되신 그리스도와 날마다 동행하며 승리하는 은혜가 있기를 바랍니다.

Section 24

초막절

특성	• 유대 종교력 7월 15일~21일 • 광야에서 장막을 치고 살 때 하나님께서 인도하시고, 보호하심을 기념함 • 토지 소산의 추수를 마칠 때 여호와의 절기를 지키기 위함
절차	• 나무로 초막을 만들어서 7일간 거함 • 아무 노동도 하지 않고 매일 화제(번제, 소제, 전제, 속죄제)를 드림 • 추수 이후의 감사와 즐거움의 절기임
영적 의미	• 이 세상 인생이 초막에 거하는 나그넷길임을 알고, 우리의 영원한 집은 오직 하늘나라에 있음을 보여줌

콕 Note

풍성한 수확으로 인도하신 하나님께 감사

우리나라의 민족 대명절은 설날과 추석입니다. 이와 마찬가지로 이스라엘에는 유월절, 칠칠절과 함께 중요한 의미를 갖는 3대 절기 중 하나로 초막절[1]이 있습니다. 농사의 열매로 과일을 수확할 때에 백성은 나무로 초막을 만들어서 7일간 거하며, 아무 노동도 하지 않고 매일 제사를 드리며 영원한 본향인 하늘나라를 소망하게 됩니다. 이 절기를 그림과 함께 따라가 보며, 날마다 풍성한 삶으로 인도하시는 하나님의 은혜를 느껴보도록 하겠습니다.

1) 초막절
초막절(feast of booths, 草幕節)은 수장절이라고도 하며, 유월절(과월절) 및 칠칠절(맥추절, 오순절)과 함께 이스라엘의 3대 절기입니다(출 34:22).

초막절의 특성

초막절은 유월절, 칠칠절 등과 함께 이스라엘 3대 절기의 하나입니다. 초막절은 출애굽 이후의 40년간의 광야 생활을 기념하는 역사적인 면과 올리브와 포도 등을 추수하는 수장절의 농경적인 측면, 두 가지 의미를 가집니다.

초막절의 절차

❶ 초막

초막절에는 초막을 짓고 일주일(7일) 동안 그곳에서 거주하면서 먹고 잡니다. 그 초막은 나무를 주된 재료로 하여 만들었는데, 다소 초라해 보이기도 하고, 그곳에서의 삶은 불편합니다.

❷ 제사

초막절에는 노동이 금지되었으며, 아무 노동도 하지 않고 매일 화제를 드립니다. 안식일은 첫날과 팔일이며, 이때 드리는 화제는 번제와 소제와 희생제물(속죄제)과 전제입니다.

초막절의 영적 의미

❶ 이 세상이 '나그넷길'임을 상징

이스라엘이 40년 동안 광야에서 나그네 생활을 한 것처럼 이 땅의 생활 역시 영원한 것이 아닌 나그네 생활일 뿐임을 알려주고 있습니다. 이때 매일 아침 제사장이 금으로 만든 그릇을 가지고 가서 실로암 연못에서 물을 길어와 포도주 대신 제단에 부어 바쳤는데, 이것은 광야생활 중에 물이 없을 때, 반석에서 생수를 주신 것을 기념하는 의미와 이른 비를 기원하는 의미가 있습니다. 초막절이 지나면 밀보리를 파종해야 했기 때문에 비가 오기를 간구했던 것입니다.

❷ 하나님 나라의 완성을 소망

오순절의 추수가 '성령의 강림으로 인한 복음 전파의 시작, 즉 하나님 나라의 확장'이라면 초막절의 추수는 '복음 전파를 통한 하나님 나라의 완성'을 뜻합니다. 이것은 모든 곡식을 거두어 창고에 저장하는 가을 추수처럼 복음의 전파와 그로 인해 열매 맺는 영적인 과실들이 하나님 나라의 곳간에 쌓이는 것을 뜻합니다.

'인생은 나그네 길'이라는 노래도 있지만 우리는 정처 없는 길을 방황하는 나그네가 아니라, 천국을 소망하며 이 땅에서 그리스도의 복음을 전파하는 순례자입니다. 우리 안에 살아계신 그리스도 예수의 보혈의 공로와 성령님의 능력이 삶 가운데 나타날 때에 우리의 삶은 '초막이나 궁궐이나 그 어디나 하늘나라(찬 495장)'라는 고백이 흘러나오게 될 것입니다.

Section 25

부림절

특성	• 유대 종교력 12월 14일~15일 • 유대인이 에스더와 모르드개에 의해 하만의 계략에서 구원받았음을 기념함 • 하만이 유대인을 멸망시키기 위하여 제비를 뽑았음
절차	• 13일 에스더가 금식한 것과 같이 금식으로 절기를 준비함 • 14일 저녁부터 회당에 모여 에스더서를 낭독하는데, 하만의 이름이 나올 때마다 회중은 '그의 이름은 말살될지어다. 악인의 이름은 소멸될지어다'를 외침 • 이튿날에도 낭독은 계속되며 온갖 축제 행사를 하며 찬송가를 많이 부르고 즐김 • 가난한 사람들에게 선물을 줌
영적 의미	• 성도들이 하나님의 주권적 섭리로 구원받음을 예시함

콕 Note

대역전 드라마

일제 강점기 이후 해방의 기쁨을 맛보고 기념하며 광복절을 지켰던 한민족처럼, 포로기 이후에 이스라엘에도 해방의 기쁨을 주었던 절기가 있습니다. 이것이 부림절[1]인데 유대 온 민족이 하만의 모략으로 진멸될 뻔했던 긴박한 상황 속에서 에스더의 결단과 헌신으로 구원되는 날을 기억하는 절기입니다. 하나님께서 행하신 놀라운 대역전 드라마, 우리를 구원하신 하나님의 놀라운 주권과 섭리의 모습을 살펴보겠습니다.

1) **부림절**
부림절(Purim)은 아람어로 '푸림'이라 불리며 주사위를 의미하는 '푸르'에서 유래되었습니다. 아람어 푸르는 아카드어 푸루에서 비롯되었으며, 부림절의 근거는 에스더 9장 17~32절입니다.

부림절의 특성

부림절은 '제비를 뽑는다'라는 의미로 유대 종교력으로는 12월 14~15일에 지키는 절기입니다. 이날은 유대인을 말살하려고 제비를 뽑았던 것을 기억하며 하만의 계략에서 유대인들이 벗어난 것을 기념하며 지키는 절기입니다.

부림절의 절차

❶ 금식

13일이 되면 에스더가 금식한 것과 같이 금식으로 절기를 준비합니다.

❷ 낭독

부림절이 되면 유대인들은 회당에 나가 에스더서를 읽습니다. 이는 부림절 구원이 개인적인 사건이 아니라 민족공동체적인 구원이었기 때문입니다.

❸ 축제와 선물

부림절은 슬픔이 기쁨으로, 초상집이 잔치집으로 바뀐 날입니다. 모르드개는 이날을 서로 음식을 나누며 가난한 사람들에게 선물을 주는 명절로 정하였습니다. 그래서 유대인들은 부림절 점심때부터 저녁때까지 많은 음식을 먹게 됩니다. 이때 반드시 삶은 콩과 완두콩을 먹으며 양귀비 씨나 과일을 넣어 만든 삼각형 과자도 먹는데, 흔히 후식으로 먹는 이 음식을 '하만의 주머니', '하만의 귀'라고 부릅니다. 이날의 축제를 위해 유대인들은 부림절이 되기 며칠 전부터 에스더, 아하수에로, 모르드개의 얼굴 등 각양의 마스크를 만듭니다. 또한 이날은 남녀가 옷을 바꿔 입을 수 있는 유일한 날로 각종 마스크와 화려한 옷을 차려입고 거리로 쏟아져 나와서 길거리 카니발을 마음껏 즐기다가 저녁이 되면 예배를 드리고 에스더서를 각본으로 연극을 합니다.[2)]

2) KBS NEWS 〈클릭, 세계 속으로〉, '이스라엘 부림절', 2013. 3. 7.

부림절의 영적 의미

❶ 하나님의 주권적 구원

부림절은 구원이 오직 하나님의 주권적 섭리에 있다는 사실을 알려주는 절기입니다.

❷ 기독교의 역설적 진리

'죽으면 죽으리라'고 고백하며 백성을 살려낸 에스더의 용기는 '죽으면 살리라(요 12:24~25)'는 기독교의 역설적 진리를 보여줍니다. 마치 그리스도께서 이 땅에 오셔서 죽으심으로 온 인류를 구원한 것과 같이 놀라운 기독교 복음의 진리가 부림절의 신앙고백 안에 들어 있습니다.

❸ 남은 자의 구원

하나님께서 택한 백성은 그 어떠한 궤계로부터도 반드시 보호됩니다. 천국가는 그 날까지 하나님의 인도와 보호 안에 살아가게 될 것임을 예표하는 것이 바로 부림절의 참된 의미이며, 동시에 마지막 날 그리스도의 재림으로 완성될 택함 받은 남은 자의 구원과 악한 자의 최후 심판과 멸망을 상징하기도 합니다.

부림절이 놀라운 대역전 드라마가 된 것처럼 신자에게는 최후 승리가 예비되어 있습니다. '죽으면 죽으리라'의 에스더의 고백이 '죽으면 살리라'는 기독교의 역설적 고백이 되었던 것처럼, 신자들을 통해 역사하시는 하나님의 궁극적 구원과 최후 승리를 소망하며 이 땅에서의 남은 자의 삶을 멋지게 살아가는 은혜가 있기를 바랍니다.

Section 26

수전절

특성	• 유대 종교력 9월 25일부터 8일간 • B.C. 165년 유다 마카비의 승리와 그의 지도력 아래 성전이 정화되고 재봉헌된 것을 기념
절차	• 반드시 예루살렘에 올라갈 필요 없이 각자의 집에서 지켰음 • 초 8개와 촛대를 준비함 • 첫날부터 매일 한 개의 촛불을 더해 8일째에는 8개의 촛불을 켬
영적 의미	• 하나님의 성전된 성도 각자가 몸의 성결을 힘써야 함을 예시

콕 Note

거룩한 회복

암 환자들이 완치된 후에 한결같이 하는 고백은 '지금부터 살아가는 삶은 새로운 인생'이라는 고백입니다. 이와 마찬가지로 셀루코스 왕조의 종교탄압 및 성전을 오염시켰던 상황에서 성전을 되찾고 청결하게 한 후에 감격으로 드리는 절기가 바로 수전절[1]입니다. 이러한 수전절의 새로운 의미를 되짚어 보고 우리의 삶에 하나님께서 주시는 새로운 회복의 역사를 살펴보겠습니다.

수전절의 특성

수전절을 히브리어로 '하누카'라고 하는데, 이는 봉헌이라는 의미를 가지고 있습니다. 알렉산더 장군이 이룩한 헬라제국은 그가 죽은 후 4개로 분할되는데, 그중 프톨레미 왕조와 셀루코스 왕조가 차례로 이스라엘을 통치합니다.

특히나 셀루코스는 유대교에 대해 강력한 종교적 핍박을 가하는데, 특히 유대인들에게 돼지고기를 먹이는 등의 행동으로 인해, 유대인 맛다디아가 다섯 아들과 더불어 수리아에 반기를 들어 B.C. 165년 마카비 혁명이 일어나게 됩니다. 그 혁명을 통해 유대인들이 성전을 탈환하는데, 이 성전탈환을 기념하는 절기가 바로 수전절입니다. 이때 8일 동안 매일 한 개씩 촛불을 켜고 마지막 8일째에는 8개의 촛불을 켭니다. 이러한 특성 때문에 수전절은 '촛불절' 혹은 '광명절'이라고 불리기도 합니다.

1) 수전절
수리아의 안티오쿠스 에피파네스 왕이 예루살렘 성전의 번제단 자리에 제우스 동상을 세워 성전을 더럽히자 B.C. 164년경 유다 마카비가 군사를 일으켜 수리아 군대를 물리치고 성전을 정화하여 하나님께 봉헌한 날을 기념하는 축제다. '봉헌절' 혹은 히브리어를 그대로 사용하여 '하누카'라고 한다. 유대 종교력 9월(기슬르 월, 양력 11~12월) 25일부터 8일간 지켜졌다. 요세푸스는 이 절기를 '빛의 절기' 또는 '등화제'(lights)라고 불렀습니다.

수전절의 절차

수전절에는 반드시 예루살렘 성전에 올라갈 필요 없이 각자의 집에서 절기를 지켰습니다. 역사가인 요세푸스(Josephus)에 따르면 아홉 번째 달 25일부터 총 8일간 수전절을 지킨 것으로 기록되어 있습니다(요 10:22). 그들은 다시금 성전에서 제사를 드릴 수 있다는 사실에 감사하며 제물을 드렸고, 악기를 동원하여 하나님을 찬양하였습니다. '빛의 축제'라는 이름에 걸맞게 성전과 가정에서는 8개의 초가 환하게 빛났는데 이는 마카비가 성전을 탈환한 후 등대에 가보니, 기름이 하루치밖에 남아있지 않았지만 8일 동안 꺼지지 않았다는 데에서 유래하였습니다. 제사장들은 그 8일 동안 성전을 정결케 하고 거룩한 기름도 준비할 수 있었습니다.[2)]

2) 가스펠 서브, 『교회용어사전 : 교파 및 역사, (서울 : 생명의말씀사, 2013. 9. 16.)』

수전절의 영적 의미

예수님께서는 요한복음 10장 22절 이하에서, 유대인들이 성전 봉헌을 자축하는 수전절에 자신의 그리스도 되심을 말씀하셨습니다. 이는 예수님께서 세상의 참 빛이고 참 성전이며 모든 절기의 주인이시기 때문입니다.

또한 성전 봉헌을 기념하며 성도의 몸이 거룩한 하나님의 성전(고전 6:18)임을 기억하며 몸의 성결을 힘써야 합니다.

예수 그리스도를 우리의 마음속에 모시고 살아도 죄로 인하여 우리의 마음 밭이 더럽고 정돈되지 못할 때가 있습니다.

그때마다 자신의 몸과 마음이 거룩한 성전이라는 사실을 기억하며 하나님 앞에서 거룩하고 성결한 삶을 지켜나가야 할 것입니다. 그렇게 주님 앞에 겸손히 나아갈 때 수전절을 통해 회복의 감격을 주셨던 주님의 놀라운 은혜가 우리 안에 충만해질 것입니다.

Section 27

히브리 달력

시기	양력	월력(음력)	이름	길이	절기	날짜
건기	4월	1월	니산(아빕)	30일	유월절 · 무교절 · 초실절	14일 · 15~21일(7일간) 안식 후 첫날
	5월	2월	이아르(시브)	29일	칠칠절(맥추절)	–
	6월	3월	시완	30일	오순절	초실절 후 50일째 되는 날
	7월	4월	당무즈	29일	–	–
	8월	5월	아브	30일	–	–
	9월	6월	엘룰	29일	–	–
우기	10월	7월	티쉬리(에다님)	30일	나팔절 · 대속죄일 · 초막절	1일 · 10일 · 15~21일(7일간)
	11월	8월	메르헤쉬완(불)	29일/30일	–	–
	12월	9월	기슬르	29일/30일	수전절	25일부터(8일간)
	1월	10월	데벳	29일	–	–
	2월	11월	스밧	30일	–	–
	3월	12월	아달	29일(윤달에는 30일)	부림절	14~15일(2일간)

콕 Note

우리 달력과 다르네요

유대력의 유래
현재 통용되는 유대력은 주후 4세기 산헤드린의 마지막 의장인 랍비 힐렐 2세가 천지 창조일을 B.C. 3761년 10월 6일로 간주하고 계산해서 만든 것입니다.

성경을 읽다 보면 몇 년, 몇 월, 며칠로 나와 있는 날짜들이 자주 등장합니다. 그런데 그 성경에 등장하는 날들은 지금 우리가 쓰는 달력과 다르기 때문에 이해하기가 어려울 수 있습니다. 그래서 준비한 내용이 히브리 달력인데 우리의 달력과는 다른 유대력, 민간력, 종교력의 특징과 이름, 월별로 있는 각종 절기들이 있습니다. 한눈에 볼 수 있도록 그림을 통해 살펴보겠습니다.

달력의 종류는 여러 가지이지만 그 기준만 알면 구분하기가 그리 어렵지 않습니다.

고대의 달력 (태음력, 태양력, 태음태양력)

고대에 쓰던 달력은 그 기준에 따라 세 종류로 구분할 수 있습니다.

❶ 태음력(太陰曆)

고대인들이 가장 먼저 발견한 것은 태음력입니다. 이것은 달(月)을 기준으로 한 것인데, 달이 보름달에서 작아졌다가 다시 보름달이 되는 기간이 약 29.5306일이라고 측정하여(이 기간을 '삭망월'이라고 합니다.) 이것을 기준으로 하여 만든 달력입니다. 고대인들은 삭망월이 29.5일이라고 계산하고 29일짜리 한 달과 30일짜리 한 달이 교차되는 달력을 만들어 태음력이라고 불렀습니다.

❷ 태양력(太陽曆)

고대인들이 기존에 사용하던 태음력에 의하면 1년은 354일로, 지구가 공전하는 주기인 365.2422일과 11일 이상의 차이가 발생합니다. 이것은 태음력이 계절의 변화를 정확히 측정할 수 없다는 의미가 되기 때문에 태양을 기준으로 만든 달력이 바로 태양력입니다.

❸ 태음태양력(太陰太陽曆)

이것은 기존의 태음력과 태양력을 합친 달력입니다. 오랜 기간 동안 태양의 움직임을 관측한 결과 태양의 공전주기는 365.2422일인데, 1년을 365일로 하면 다소 짧고, 1년을 366일로 하면 조금 길기 때문에 1년을 365일로 하되 이 주기에 태음력에서의 윤달을 넣은 기간을 일치시킨 달력입니다.

세 종류의 히브리 달력 (유대력, 민간력, 종교력)

유대인들이 쓰는 달력은 유대력과 민간력, 그리고 종교력이 있는데 각 달력들의 특징은 다음과 같습니다.

❶ 유대력

유대민족이 사용하는 달력(曆)입니다. 유대인들은 처음에 순태음력, 약간 변형한 이집트력, 태음태양력을 차례로 사용하다가 4세기경 성립된 것을 현대에도 사용하고 있습니다.

❷ 민간력

히브리인들의 당시 주산업이었던 농경, 목축을 기준으로 하는 달력입니다. 그래서 민간력은 본격적인 우기가 시작되는 7월 1일이 새해가 시작되는 달력입니다.

❸ 종교력

종교력은 현재 성경에 기록되고 있는 달력인데, 주로 각종 절기를 지킬 때와 종교 행사를 하는 데 주로 사용되었던 달력입니다. 종교력의 시작은 하나님께서 모세에게 출애굽을 기념하기 위해서 그 날을 한 해의 처음, 즉 신년으로 삼으라고 명령하셨던 것(출 12:1~2)으로부터 시작되었으며, 당시 사용하던 민간력과는 약 7개월 정도 차이가 났습니다. 즉 민간력은 티스리월(우리의 9~10월경)이 1월에 해당했고, 종교력으로는 니산월(우리의 3~4월경)이 1월에 해당합니다.

또한 현재 쓰고 있는 각 달의 명칭은 바벨론 식의 이름인데, 원래는 가나안 식의 고유한 이름을 사용했으나 바벨론 포로 생활 이후 바뀐 것입니다. 그래서 지금은 넉 달의 이름만 가나안식 이름으로 남아 있습니다(1월~아빕, 2월 시브, 7월 에다님, 8월 불).

유대인들이 '종교력'을 사용한다는 말은 이들이 하나님에 대한 절기와 신앙을 지키는 것을 매우 중요하게 생각한다는 뜻입니다. 이 사실을 기억하면서 우리도 교회의 여러 절기(부활절, 성탄절 등)와 행사를 통해 우리의 신앙을 하나님 중심, 성경 중심, 교회 중심으로 바르게 세우며, 매 순간 살아 역사하시는 하나님의 은혜를 체험하기를 바랍니다.

PART 3

그거,
되게 복잡하네!

성경을 읽다 보면 우리가 닮고 싶은 성경의 인물들이 많이 등장합니다. 믿음의 조상인 아브라함부터 이삭, 야곱, 요셉과 같은 창세기의 인물들도 있고, 출애굽기에서의 모세, 위대한 왕 다윗, 솔로몬 등의 인물들의 이야기를 통해 우리는 믿음의 길을 어떻게 걸어가야 하는지를 배울 수 있습니다.

그런데 성경 속의 인물들은 읽으면서 정리하려하면 할수록 어렵고 복잡하게만 느껴집니다. 왜냐하면 성경에 너무나 많은 인물들이 등장하고 또 그 이름들이 한국 이름처럼 성 한 글자, 이름 두 글자와 같이 정해진 형태가 아닌 한 글자~여덟 글자까지 너무나 다양하고 복잡하기 때문입니다. 그들의 이름과 얽혀 있는 복잡한 '가계도'를 살펴보기도 어렵고 북이스라엘의 왕들, 남유다의 왕들, 수많은 선지자들, 이방나라의 여러 왕들이 등장하면 더욱 복잡하게만 느껴집니다. 더욱이 그 왕들 중에서는 동명이인(同名異人)도 있습니다. '누군가 이러한 사실들을 잘 정리해 준다면 너무나 좋을 텐데…'라는 생각만 해볼 뿐 스스로 정리해볼 엄두가 안 납니다.

이러한 구약에서의 복잡한 인물들과 그 관계들을 모아서 이번 챕터에 하나하나씩 정리해 보았습니다. 그림을 보며 함께 정리해 나가다 보면 성경에 있는 여러 인물들에 대한 퍼즐 조각이 완성되어 가는 듯한 느낌을 받을 수 있을 거라 생각합니다.

조금 힘들 수도 있겠지만 하나씩 이해하다 보면 어느 순간 성경 속 인물들을 더 잘 알게 되고, 더욱 친근하게 느낄 수 있을 것입니다. 그러한 기대를 품고 이제 함께 알아가 봅시다.

Section **28**

야곱의 가계도

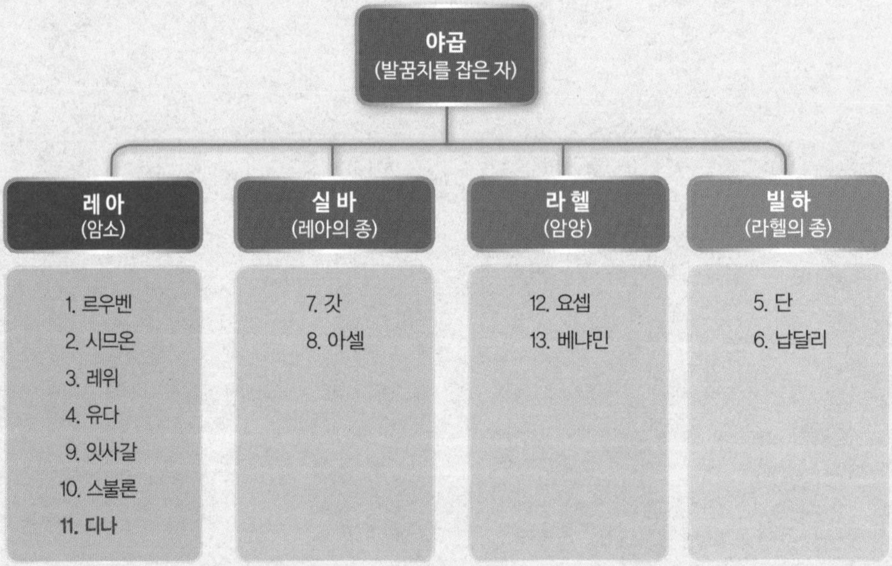

콕 Note

12지파의 태동

이브리함, 이삭, 야곱으로 이어지는 족장시대에서 야곱까지는 단일 인물들로 이루어져 있어서 쉬웠지만 야곱 이후에는 자녀가 갑자기 늘어나서 어렵게 느껴질 수 있습니다. 더욱이 그 야곱의 자녀들 간의 관계(순서, 서열)와 4명의 부인(레아, 라엘, 빌하, 실바)이 낳은 자녀들을 글로만 보면 쉽게 정리하기가 어렵기도 합니다. 간단한 그림과 설명을 통해 살펴보겠습니다.

야곱은 '발꿈치를 잡은 자(창 25:26)'라는 이름의 뜻으로 태어나 쌍둥이 형 에서에게 팥죽으로 장자권을 빼앗은 후 아버지인 이삭을 속여서 축복을 받고, 아버지와 형의 노여움을 피해 밧단아람으로 도망쳐 나와(창 25:27~34, 27:1~40) 그곳에서 외삼촌 라반의 첫째 딸 레아와 둘째 딸 라헬을 아내로 얻게 됩니다(창 29:1~30). 이때 레아의 종인 실바와 라헬의 종인 빌하를 함께 얻게 되는데 이들에게서 낳은 자식들의 이름과 그 뜻은 다음과 같습니다.

레아의 자식들

❶ 르우벤

르우벤이란 이름의 뜻은 '보라 아들이다'입니다(창 29:32).

❷ 시므온

시므온이란 이름의 뜻은 '하나님께서 들으셨다'입니다(창 29:33).

❸ 레위

레위 이름의 뜻은 '연합하다'입니다(창 29:34).

❹ 유다

유다 이름의 뜻은 '찬양하다'입니다(창 29:35).

❺ 잇사갈

잇사갈 이름의 뜻은 '자비를 베푸소서'입니다(창 30:14~18).

❻ 스불론

스불론 이름의 뜻은 '후한 선물'입니다(창 30:19~20).

❼ 디나

디나 이름의 뜻은 '정의'입니다(창 30:21).

실바의 아들

❶ 갓

갓 이름의 뜻은 '복되도다, 행운'입니다(창 30:10~11).

❷ 아셀

아셀 이름의 뜻은 '기쁨, 행복'입니다(창 30:12~13).

라헬의 아들

❶ 요셉

요셉 이름의 뜻은 '하나님께서 더하신다'입니다(창 30:22~24).

❷ 베냐민

베냐민 이름의 뜻은 '오른손의 아들'입니다(창 35:16~18).

빌하의 아들

❶ 단

단 이름의 뜻은 '하나님이 심판하시다'입니다(창 30:5~6).

❷ 납달리

납달리 이름의 뜻은 '경쟁, 다툼'입니다(창 30:7~8).

야곱이 4명의 여인을 통해 12명의 아들과 1명의 딸을 얻었을 때 성경은 순간순간 하나님의 도우심과 권념하심을 빠짐없이 기록하고 있습니다. 이것은 우리의 삶 속에서도 동일한 하나님의 보호하심과 섭리하심이 있음을 알려주는 것입니다. 하나님의 은혜가 우리의 삶뿐만 아니라 다음 세대에까지 이어질 것임을 믿고, 그 하나님의 보호와 인도 아래 온전히 거하기를 바랍니다.

Section 29

모세의 가계도

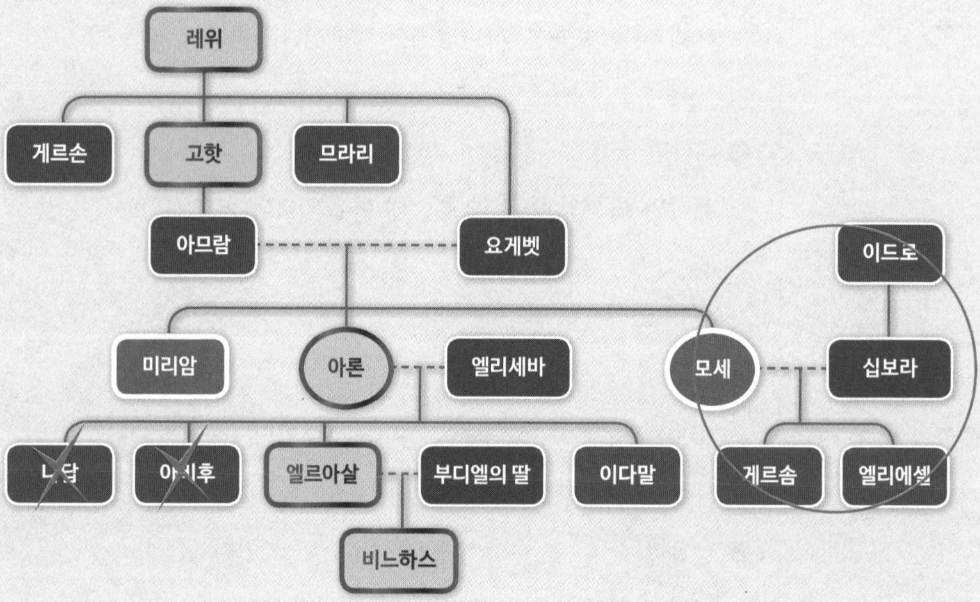

콕 Note

가문의 영광

모세의 가문이 얼마나 영광스러운 가문이었는가를 알려면 가계도를 살펴보아야 합니다. 모세의 가계도에서는 모세의 형인 아론을 비롯한 모세의 가족들이 성경에서 어떠한 역할을 하였고, 어떠한 모습으로 등장하였는지를 살펴보는 것이 중요합니다. 이제 가계도를 통해 이어지는 영적 제사장의 가문을 그림과 함께 살펴보겠습니다.

이스라엘 백성은 '레위인, 대제사장, 제사장들'과 밀접한 역사공동체를 이루며 살았습니다. 왜냐하면 그들은 반드시 성막 중심으로 제사를 통해 하나님과의 관계를 유지할 수밖에 없었기 때문입니다. 그래서 성막을 관리하고 제사를 집행하는 레위인들과 밀접한 관계를 맺으며 살았는데, 그 중심에 있던 아론과 동생 모세의 가계도에 등장하는 인물들이 어떠한지를 살펴보고자 합니다.

레위 후손 (레위인)

레위(Levi)[1]의 후손은 자연스럽게 레위 지파가 되고 이들을 통상 '레위인'이라고 부를 수 있는데, 모세의 가계도에서 나타나는 인물은 고핫의 아들 아므람(모세의 아버지), 요게벳(모세의 어머니), 아론(모세의 형)입니다(출 6:18~20).

1) **레위(Levi)** 레아가 낳은 야곱의 셋째 아들이며 레위 지파의 조상입니다(창 29:34).

❶ 아므람

아므람(Amram)은 레위 지파 고핫의 아들이며 그 이름의 뜻은 '높은 자의 혈족'입니다. 그는 부친의 누이, 즉 고모인 요게벳을 아내로 맞아 아론, 모세, 미리암을 낳았습니다(출 6:16~20; 민 3:17~19, 26:59; 대상 6:3).

❷ 요게벳

요게벳(Jochebed)은 레위의 딸이고 아므람의 아내이며 모세와 아론, 미리암의 어머니입니다. 그리고 그 이름의 뜻은 '여호와는 영광'입니다(출 6:20; 민 26:59). 요게벳은 모세를 낳은 후 히브리인 중 남자 아이를 모두 하수에 던져 죽이라는 바로의 명령을 어기고 모세를 3개월 동안 숨겨 기르다가 나일 강가에 숨겼습니다(출 2:2~4). 그때 바로의 딸이 모세를 발견하고 불쌍히 여겨 기르고자 할 때에 미리암이 바로의 딸에게 유모를 둘 것을 요청하였고, 이후 요게벳은 모세의 유모 역할을 하였습니다(출 2:2~9).

❸ 아론

아론(Aaron)[2]은 아므람과 요게벳의 맏아들이며, 모세의 형이며 미리암의 동생입니다(출 6:20, 7:7; 민 26:59). 이스라엘의 초대 대제사장이며(레 6:20~22), 하나님께서 모세에게 사명을 주실 때, 말이 능숙하지 못하다는 모세의 변명에 하나님께서 모세의 대변자 역할을 하게 하셨습니다(출 4:14~16).

2) 아론(Aaron)
B.C. 1574년에 출생. 부모는 아므람과 요게벳, 누이는 미리암, 동생은 모세, 아내는 엘리세바, 아들은 나답, 아비후, 엘르아살, 이다말 등 4형제입니다(출 6:20~23).

모세의 가족

모세는 이드로의 딸 십보라를 아내로 맞이하여 십보라에게서 두 명의 아들을 얻게 되는데 그 이름은 게르솜과 엘리에셀입니다.

❶ 이드로

이드로(Jethro)는 미디안의 제사장이자 모세의 장인이며 그 이름의 뜻은 '초과', '뛰어남', '탁월', '유명', '풍요한'입니다. 본명은 '르우엘'이며 그 뜻은 '하나님의 친구'입니다. 이드로는 모세가 하나님의 소명을 받았을 때 모세가 애굽으로 되돌아가는 것을 허락하였습니다(출 4:18~26). 또한 출애굽하여 나온 모세를 광야에서 만나 그동안의 행적을 듣고는 하나님을 찬양하며 희생제물을 드렸고, 모세를 도와 행정과 재판 조직을 갖추는 데 결정적인 역할을 하였습니다(출 18:1~27).

❷ 십보라

십보라(Zipporah)는 미디안 제사장 이드로의 딸이며 모세의 아내입니다(출 2:21). 그 이름의 뜻은 '작은 새'이며 게르솜과 엘리에셀의 어머니이기도 합니다(출 2:22, 18:3~4). 모세가 소명을 받고 미디안에서 애굽으로 들어갈 때 하나님께서 모세를 죽이려 하자, 십보라가 두 아들에게 할례를 행하여 위기를 모면했습니다(출 4:20~26).

❸ 게르솜

게르솜(Gershom)은 모세의 장자이며 '나그네 된'이란 뜻을 가진 이름입니다(출 2:22, 18:3). 미디안 땅에서 태어나 십보라에 의해 할례를 받았고(출 4:24~26), 훗날 그의 자손들은 성전 곳간을 관리하였습니다(대상 26:24).

❹ 엘리에셀

엘리에셀(Eliezer)은 모세의 둘째 아들이며 '하나님은 나의 도움이시다'라는 뜻을 가진 이름입니다(출 18:3; 대상 23:15~17).

아론의 후손

아론의 후손은 나답, 아비후, 엘르아살, 이다말인데 이들이 어떤 인물인지를 살펴보자면 다음과 같습니다.

❶ 나답

나답(Nadab)은 아론의 맏아들입니다(출 6:23). 그런데 나답은 훗날 동생인 아비후와 같이 여호와의 진노를 받아 죽게 되는데, 그 이유는 여호와의 명하시지 않은 다른 불을 담아 여호와 앞에 분향하였기 때문입니다(레 10:1~7).

❷ 아비후

아비후(Abihu)는 아론의 둘째 아들입니다(출 6:23). 아비후는 형 나답과 마찬가지 이유로 여호와의 진노를 받아 죽게 됩니다(레 10:1~7).

❸ 엘르아살

엘르아살(Eleazar)은 아론의 셋째 아들입니다(출 9:24). 비느하스의 아버지인 엘르아살은 두 형(나답, 아비후)이 하나님의 진노로 죽은 후 그 동생 이다말과 같이 대신 제사장이 되었습니다(레 10:1~7, 민 3:1~4). 그 후 엘르아살은 하나님을 위해 봉사하다가 모세를 따라 호르산에 올라갔을 때 모세가 그 부친 아론의 옷을 벗겨 입혀주는 일이 있었고, 부친 아론이 죽고 나니 대신하여 대제사장이 되었습니다(민 20:22~23).

❹ 이다말

이다말(Ithamar)은 아론의 막내아들입니다(출 6:23). 회막을 건축할 때 회계(금, 은, 동 등의 물건들을 계산)를 맡기도 하였고(출 38:21), 회막을 이동할 때에는 게르손 사람과 므라리 사람의 일을 감독하였습니다(민 3:2, 4:28; 대상 24:3~6, 스 8:1).

모세의 가계도를 통해 우리가 알아야 할 것은 2가지인데, 첫째는 레위로부터 내려오는 제사장의 가문이 계속해서 이어지고 있다는 것이고, 다른 하나는 하나님께서 택하신 민족을 끝까지 보호하시고 세밀하게 돌보아 주신다는 것입니다. 이러한 사실을 통해 우리도 하나님의 도우시는 손길과 우리를 천국가는 그날까지 인도해 주심을 더욱 확실히 믿는 은혜가 있기를 바랍니다.

Section 30

요셉의 후손과 애굽 왕의 관계

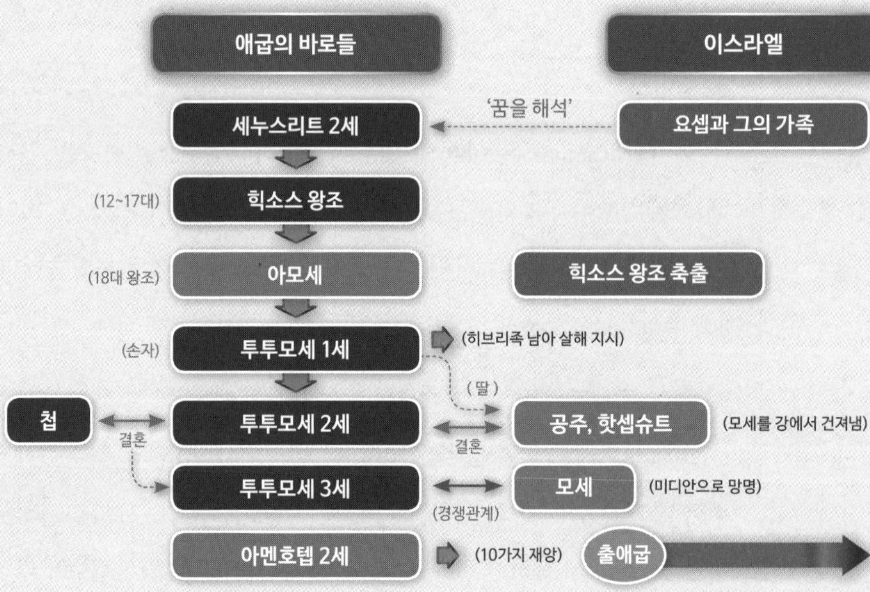

콕 Note

요셉을 알지 못하는 새 왕

성경의 창세기에서 출애굽기로 넘어갈 때 우리는 갑작스럽게 바뀌어 있는 배경과 상황 때문에 당황할 수 있습니다. 즉 야곱의 아들 요셉이 총리가 되어 다스렸던 애굽에서 이스라엘 백성이 출애굽기 시작과 동시에 노예로 되어 있기 때문입니다. 그래서 준비한 내용이 바로 '요셉의 후손과 애굽 왕의 관계'입니다. 요셉을 알지 못하는 왕들이 등장하여 요셉의 후손들인 이스라엘 백성이 괴로움을 당하고 출애굽을 하게 되는데, 이때 나타난 왕들과 그 관계를 살펴보고자 합니다.

요셉은 형들에 의해 애굽의 노예로 팔려가게 되고 보디발의 신임을 얻었으나 보디발의 아내를 겁탈하려 했다는 누명을 쓰고 감옥에 갇힙니다. 감옥에서 술 맡은 관원장과 떡 굽는 관원장을 만나 그들의 꿈을 해석해주고, 요셉의 꿈 해석대로 술 맡은 관원장은 복직되고 떡 맡은 관원장은 죽게 됩니다(창 40:22~23).

이후 2년이라는 시간이 흐르고 애굽의 바로였던 세누스리트 2세가 어느 날 이상한 꿈을 꿉니다. 아름답고 살진 암소가 흉하고 파리한 일곱 암소에 의해 잡아먹히고, 무성하고 충실한 일곱 이삭이 마른 일곱 이삭에 의해 삼켜지는 꿈이었습니다. 이는 7년간의 풍년과 그 후에 있을 7년간의 흉년을 예비하시는 하나님의 뜻을 보여주는 것이었습니다. 요셉은 이 꿈을 해석하게 되고 총리의 자리에 오르게 됩니다. 이때가 바로 힉소스 왕조 때의 역사입니다.

그러나 세월이 흐른 후 18대 왕조인 아모세는 힉소스 왕조를 축출하고 애굽의 바로가 됩니다. 요셉은 죽고 왕조가 바뀌니 새로운 왕조는 요셉을 기억하지 못했습니다. '요셉을 알지 못하는 새 왕이 일어나 애굽을 다스리더니'(출 1:8)라는 출애굽기의 기록은 이와 같은 상황을 잘 설명해 줍니다.

아모세의 손자인 투투모세 1세는 점점 강성해져가는 히브리인들을 견제하기 위해 고된 노역을 시키고, 그들의 모든 남아를 살해하라는 무서운 명령을 내립니다. '이르되 너희는 히브리 여인을 위하여 해산을 도울 때에 그 자리를 살펴서 아들이거든 그를 죽이고 딸이거든 살려두라.'(출 1:16)

투투모세 1세의 딸인 핫셉슈트는 모세를 나일강에서 건져내고 양육합니다. '바로의 딸이 목욕하러 나일 강으로 내려오고 시녀들은 나일 강가를 거닐 때에 그가 갈대 사이의 상자를 보고 시녀를 보내어 가져다가'(출 2:5)

그러나 핫셉슈트와 남편 투투모세 2세 사이에서는 아들이 없었고 결국 투투모세 2세는 첩을 통해 아들을 낳게 되니, 그가 바로 투투모세 3세입니다. 아들이 없는 핫셉슈트에게 투투모세 3세는 눈엣가시였을 것입니다. 이 때문에 핫셉슈트는 모세를 더욱 사랑했고, 모세와 투투모세 3세는 정치적 라이벌이 될 수밖에 없었습니다. 그러한 정치적 상황에서 모세가 애굽인을 죽이는 사건이 발생하고, 투투모세 3세를 지지하던 세력을 피하여 미디안으로 이주합니다.

40년 후 드디어 그는 광야에서 하나님의 부르심을 경험합니다. 불이 붙었으나 타지 않는 떨기나무를 발견한 것입니다. '여호와의 사자가 떨기나무 가운데로부터 나오는 불꽃 안에서 그에게 나타나시니라. 그가 보니 떨기나무에 불이 붙었으나 그 떨기나무가 사라지지 아니하는지라.'(출 3:2) 하나님께서는 모세를 애굽에서 고통받는 히브리인들을 구원하는 하나님의 사자로 보내시기 원했습니다.

모세는 애굽으로 돌아가 10가지 재앙을 일으키고, 특히 마지막 재앙인 장자의 죽음을 통해 히브리인들을 출애굽 시키는데, 이것이 바로 아멘호텝 2세 때의 일입니다.

역사의 주관자가 하나님이심을 기억하며 주님께 부르짖는 백성을 결코 잊지 않으시는 하나님께 날마다 의지해야 합니다. 모든 상황과 어려움을 다 알고 계시는 하나님께 부르짖으며 나아갈 때, 하나님께서는 요셉에게, 또 이스라엘 백성에게 베푸신 그 구원의 은혜를 우리에게도 반드시 베풀어 주실 것입니다. 그러한 부르짖는 기도를 통해 하나님의 인도하심을 경험하시기 바랍니다.

Section 31

룻의 가계도

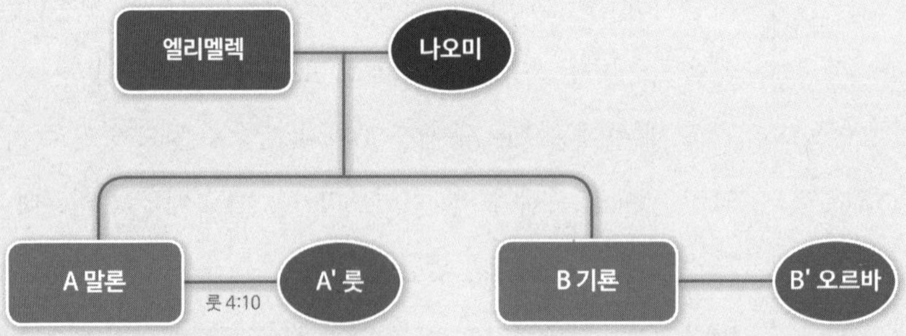

평행대구법

A : B = A' : B'
말론 : 기룐 = 룻 : 오르바

교차대구법(룻 1:1~6)

A : B = B' : A'
말론 : 기룐 = 오르바 : 룻

콕 Note

룻은 나오미의 몇째 며느리일까요?

룻기에 보면 엘리멜렉과 나오미가 결혼을 하여 '밀론'과 '기룐'이라는 두 아들을 낳고, 그들을 통해 '룻'과 '오르바'라는 두 며느리를 얻습니다. 여기서 히브리 문학의 구조(교차대조법)를 이해하지 못하면 룻이 첫째 며느리인지 둘째 며느리인지 판단하기 어려울 수 있습니다. 성경에서 흔히 등장하는 히브리 문학의 특징을 알아보고 성경을 좀 더 바르게 이해하는 시간이 될 것입니다.

베들레헴에 살던 엘리멜렉의 가정은 흉년으로 인하여 기업을 버리고 모압 땅으로 이주합니다. 엘리멜렉은 이주한지 얼마 되지 않아 죽고 나오미는 모압 땅에서 두 명의 며느리를 얻게 됩니다. '그들은 모압 여자 중에서 그들의 아내를 맞이하였는데 하나의 이름은 오르바요 하나의 이름은 룻이더라'(룻 1:4) 룻기는 엘리멜렉의 두 아들을 말론과 기룐으로 소개하고 그들이 결혼한 모압 여인을 오르바와 룻이라고 기록합니다. 이러한 소개로 인해 대부분의 사람들은 룻을 두 번째 며느리로 알고 있지만 룻기를 읽어나가다 보면 룻은 말론의 아내, 즉 첫 번째 며느리라는 사실을 알 수 있습니다. '또 말론의 아내 모압 여인 룻을 사서 나의 아내로 맞이하고…'(룻 4:10)

이는 히브리문학의 특징인 교차대구법을 알아야 이해할 수 있습니다.

교차대구법

룻기에 기록된 말론과 기룐, 그리고 오르바와 룻이라는 이름들의 어긋난 배열은 히브리 문학의 특징인 교차대구법을 알면 쉽게 이해할 수 있습니다. 교차대구법은 당시 유대인들이 자주 사용하는 글쓰기 기법이었습니다. 이 방법은 유대인들이 강조하고 싶은 내용을 나타낼 때 자주 사용하는 방법으로 A:B=B′:A′를 가리킵니다. 즉 말론을 A, 기룐이 B라면 오르바가 B′, 룻이 A′가 되므로 당연히 말론의 아내는 룻, 기룐의 아내는 오르바가 되는 것입니다.

또한 교차대구법은 구조를 뜻하는 다른 말로 '동심원구조, 대칭병행순환구조'라고도 합니다. 이를 통해 히브리 문학에서는 관련된 주제의 세부적인 항목을 이중적으로 기재하여 교차하는 내용 속에서 중심에 있는 내용을 강조하게 됩니다. 그 형태는 A-B-C-B′-A′와 같은 형태이며 중심 내용인 C를 축으로 하여 역순으로 표현하는 것입니다. 알파벳 기호에 따른 그 구조의 내용 중 A는 A′와 B는 B′와 그 내용상 유사점을 갖는 형태가 됩니다. 그리고 이를 통해 가운데 있는 C 부분이 자연스럽게 강조가 되고 있는데 이것이 히브리 문학의 독특한 문학적 기법으로 성경에 자주 등장하고 있습니다.

평행대구법

평행대구법은 일반적으로 사용되는 문학의 기법으로 관련된 내용들을 열거할 때에 동일한 순서를 따라서 반복 혹은 대비하여 설명하는 방식으로 이루어져 있습니다. 예를 들어 '낮말(A)은 새(B)가 듣고

밤말(A′)은 쥐가(B′) 듣는다'와 같은 형식으로 A-B=A′-B′와 같은 형태입니다. 만일 '룻의 가계도'에서 성경이 평행대구법으로 기록이 되어 있었다고 가정한다면 '말론과 기룐의 아내 룻과 오르바(A-B=A′-B′)'라고 표현이 되었을 것입니다.

하나님의 말씀은 우리의 삶의 좌표입니다. 하나님의 말씀대로 살아갈 때 행복해집니다. 그러기에 더욱더 말씀을 깊이 묵상해야 합니다. 그 가운데 히브리인들의 문학기법을 이해할 때 바르게 하나님의 말씀을 통한 은혜를 경험하게 될 것입니다. 부디 하나님의 말씀을 주야로 묵상하는 삶을 통해 말씀을 통해 주시는 축복을 온전히 누리는 은혜가 있기를 바랍니다.

Section 32

이새의 가계도

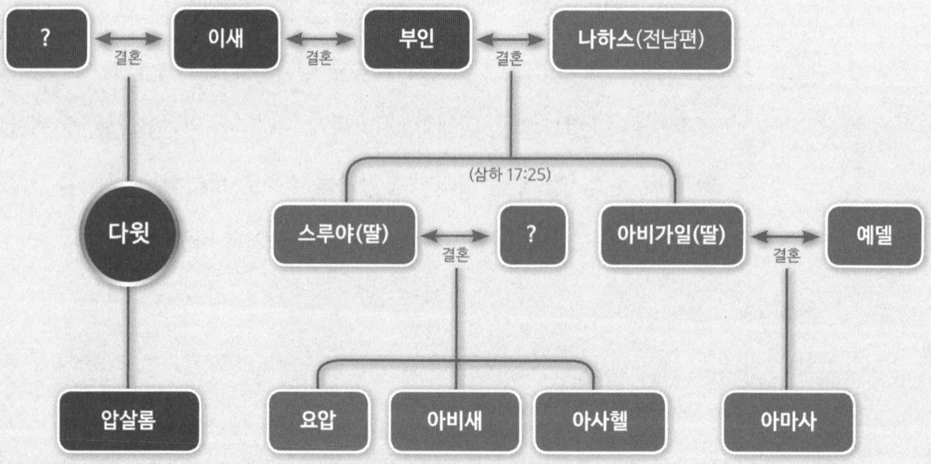

콕 Note

이새의 가계도를 보면 다윗이 보여요

다윗은 구약성경에서 매우 중요한 인물로 기록되어 있습니다. 그럼에도 불구하고 성경 속에서 다윗의 출생과 그 가족 및 친척들의 관계를 구분하고 찾아내기는 쉽지 않습니다. 하지만 다윗의 아버지인 이새의 가계도를 보면 다윗의 출생과 그의 주변 인물들과의 관계를 쉽게 알 수 있습니다. 그리고 성경에 등장하는 다윗과 관련된 사건들의 배경까지 한눈에 보고 더욱 잘 이해할 수 있습니다. 그래서 다윗에 대해 잘 알기 위해 다윗의 아버지인 이새의 가계도를 살펴보겠습니다.

이새

이새는 오벳의 아들이며 보아스와 룻의 손자이고 베들레헴의 농부 겸 양치기였습니다. 그에게는 아들이 8명 있었는데, 막내가 다윗이었습니다. 성경에서 다윗을 말할 때 '이새의 아들'이라고 하는 것은 사울의 왕궁에 있을 때와 훗날 왕이 되었을 때 모두 동일합니다. 또한 '이새의 그루터기(사 11:1)'와 '이새의 뿌리(사 11:1,10)' 같은 구절들은 모두 다윗을 가리키는 표현입니다. 그런데 성경은 다윗의 어머니에 대해서는 기록된 바가 없습니다. 그리고 훗날 다윗이 낳은 아들 중 한 명이 압살롬입니다. 그는 다윗의 셋째 아들로 이복형인 암몬을 살해하였으며 아버지인 다윗에게 반역하기도 합니다.

나하스와 스루야의 아들들

나하스는 아비가일과 스루야의 아버지입니다(삼하 17:25; 대상 2:16). 이새는 훗날 나하스의 부인을 아내로 맞이합니다. 그래서 다윗은 부모가 다르지만 아비가일과 스루야와 남매관계가 됩니다. 스루야는 요압과 아비새와 아사헬의 어머니인데 이들을 각각 살펴보자면 다음과 같습니다.

❶ 요압

요압은 다윗의 시대에 충성스럽고 담대했던 군대 장관이었으며 당시 왕국 내에서 막강한 권력을 행사했습니다(삼하 2:18; 대상 2:16). 그는 자신의 동생 아사헬이 사울 집의 군대장관인 아브넬에게 죽임 당하자 그 원수를 갚고자 아브넬을 꾀어 살해하였습니다. 요압은 압살롬이 반란을 일으켰을 때 다윗의 명령을 어기고 압살롬을 살해하여 다윗의 분노를 샀고(삼하 18:1~19:7) 이 일로 다윗에 의해 군대장관의 직위를 박탈당하고 대신 '아마사'가 군대장관이 됩니다(삼하 19:13). 그러나 요압은 아마사를 살해하고(삼하 20:4~13), 다시 이스라엘 전체의 군대장관이 되었습니다(삼하 20:33). 또 다윗의 말년에 인구 조사를 행하는 잘못(삼하 24:3~8; 대상 21:6)과 다윗의 후계자로 아도니야를 지지하는 모습(왕상 1:7~2:28)이 있었는데, 그는 결국 솔로몬이 왕이 되었을 때, 브나야를 통해 살해되었습니다(왕상 2:28~34).

❷ 아비새

아비새는 다윗의 큰 용사 중 하나로 매사에 용감하고 희생적이었고, 특히 다윗이 사울에게 쫓겨다닐 때부터 다윗에게 충성을 다하였습니다(삼상 26:6~9; 삼하 16:5~8, 23:18~19). 그는 동생 아사헬을 죽인 아브넬에게 복수하였고(삼하 2:18~23, 3:22~30), 압살롬이 다윗을 배신했을 때, 다윗을 저주하였던 시므이를 죽이자고 간청하기도 했으며(삼하 16:7~13), 다윗을 반역한 세바의 반란을 진압하였습니다(삼하 20:6~22).

❸ 아사헬

아사헬은 두 형과 함께 다윗의 군대를 지휘했으며, 특히 발이 빠르고 공명심이 높았습니다(삼하 2:18). 다윗과 사울이 서로 싸울 때, 다윗 군대에 쫓기던 사울 군대의 장수 아브넬을 뒤쫓다가 아브넬의 창에 찔려 죽었습니다(삼하 2:18~23).

아마사

아마사는 나하스의 딸인 아비가일과 예델 사이에서 태어났습니다. 다윗의 조카인 아마사는 압살롬을 도운 군대장관이었으나(삼하 17:25) 반역이 실패한 이후에 다윗에게 용서를 받았고, 요압을 대신하여 다윗 군대의 사령관이 되었습니다(삼하 19:13). 하지만 결국 요압에게 살해당하게 됩니다(삼하 20:8~12).

이새의 가계도를 살펴보는 것은 사무엘상하를 보다 쉽게 읽으며, 이해할 수 있는 비결입니다. 뿐만 아니라 가계도 속에 등장하는 인물들의 여러 모습을 통해 하나님을 향한 그들의 바른 행동은 본받고, 그들의 옳지 못한 행위는 삶의 성찰과 반성의 밑거름으로 삼기를 바랍니다.

Section 33

다윗의 부인과 자녀들

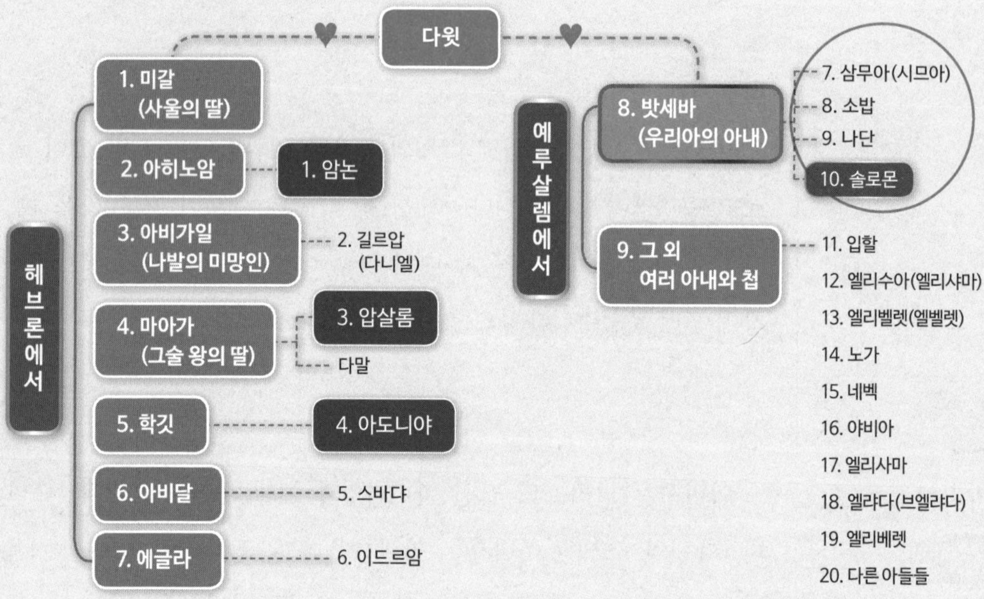

콕 Note

다윗의 부인은 몇 명일까요?

창세기에서 야곱이 그랬던 것처럼 다윗에게도 많은 부인과 자녀들이 있었습니다. 이 사실을 모르고 성경을 읽으면 다윗의 아들이 마치 압살롬과 솔로몬만 있는 것으로 착각할 수도 있습니다. 그래서 복잡한 성경의 이야기를 쉽게 이해할 수 있도록 다윗의 부인은 몇 명인지, 그리고 그 부인들에게서 낳은 다윗의 자녀들은 누구누구인지를 살펴보고자 합니다.

다윗은 40년 동안 나라를 다스렸습니다. 헤브론[1]에서 7년을 통치했고 예루살렘에서는 33년을 통치했는데, 헤브론에서 얻은 부인과 자녀들, 예루살렘에서 얻은 부인과 자녀들을 구분해서 정리하면 다윗의 가계를 이해하는 데 도움이 됩니다.

1) 헤브론
예루살렘 남남서쪽 해발 930m 지점에 있습니다. 1923~48년 팔레스타인 위임통치령의 일부였던 이곳은 1948~49년 아랍-이스라엘 전쟁 뒤 요르단에 합병되었다가 1967년 6월 6일 전쟁 이후 이스라엘에 점령된 웨스트뱅크 지역에 속합니다(위키피디아).

헤브론에서

성경은 다윗이 헤브론에서 총 7명의 여인을 통해 6명의 자녀를 낳았다고 기록합니다. 먼저 다윗은 이스르엘 사람 아히노암에게서 암논을 낳았습니다. 암논은 이복누이인 다말을 겁탈하는 죄를 범하고 결국 다말의 오빠인 압살롬에 의해 살해당했습니다(삼하 3:2, 13장).

다윗은 나발의 미망인인 아비가일을 부인으로 얻었고 그 사이에서 길르압을 낳았습니다. 길르압은 '다니엘'로 불리기도 합니다(대상 3:1).

또한 그술 왕의 딸인 '마아가'에게서 압살롬과 다말을 낳았는데 압살롬은 여동생인 다말을 겁탈한 이복형 암논을 살해하고 도망하기도 했었습니다. 훗날 아버지인 다윗의 왕권에 도전하며 헤브론에서 즉위하였으나 결국 요압의 손에 죽습니다(삼하 18장).

다윗은 다섯 번째 부인인 '학깃'에게서 '아도니야'를 낳았습니다. 아도니야는 형들이 죽자 자신이 아버지의 왕권을 이을 것이라고 착각하여 동생들과 왕의 신하들을 초청하여 왕위에 오르고자 했으나 실패하고 솔로몬이 왕위에 오릅니다. 결국 그는 솔로몬에게 죽임을 당합니다(왕상 2:13~25).

'스바댜'는 여섯 번째 부인인 아비달과 다윗 사이에서 태어난 아들로 '여호와께서 심판하셨다'라는 뜻을 가지고 있습니다(삼하 3:4, 대상 3:3).

'이드르암'은 다윗과 에글라 사이에 태어난 아들로 다윗에게는 여섯 번째 아들입니다.

2) 예루살렘
이스라엘 중심부의 지중해 연안 평야와 요르단 강에서 이어지는 그레이트 리프트 밸리 사이에 자리하고 있습니다.
예수 그리스도의 고통과 승리의 현장이며, 1948년 아랍-이스라엘 전쟁 이후, 구시가지와 동예루살렘은 트란스요르단에, 서예루살렘은 이스라엘에 분할되었다가 1967년 이스라엘이 동예루살렘을 점령했다. 지금도 분쟁이 끊이지 않고 있는 곳입니다.

예루살렘에서

다윗은 예루살렘[2]에서 수많은 자녀들을 얻었습니다. 그중 관심을 가져야 할 부분이 밧세바에게서 태어난 아들들입니다. 밧세바는 다윗과의 범죄로 출산한 첫째가 사망한 후 다윗과의 사이에서 삼무아, 소밥, 나단, 솔로몬 네 명의 아들을 얻었습니다.

이 중 넷째인 솔로몬은 이스라엘의 세 번째 왕이 되었으며 성전을 짓고 대외적으로 평화와 무역에 힘을 쏟아 이스라엘을 부강하게 만들었고 국가의 전성기를 이루었습니다. 이 외에도 다윗은 여러 아내와 첩을 통해 입할, 엘리수아, 엘리벨렛, 노가, 네벡, 야비아, 엘리사마, 엘랴다, 엘리베렛 등을 얻었습니다.

다윗은 수많은 아내들과의 사이에서 여러 명의 아들을 두었기 때문에 여러 가지 어려움을 겪었습니다. 암논은 베다른 동생인 다말을 겁탈했고, 압살롬은 반역했으며, 아도니야는 스스로 왕권을 이으려고 했습니다. 다윗도 인간이기에 많은 실수를 했습니다.

하지만 하나님께서는 다윗의 아들들을 통해 예수님의 족보를 완성하시려는 계획을 가지고 있었습니다. 실수까지도 선하게 사용하실 하나님을 신뢰하며 실수할 때마다 용서를 구하는 지혜로운 삶으로 하나님께 용서받고 회복하는 은혜가 있기를 바랍니다.

Section 34

북이스라엘 멸망 후 남유다의 역대 왕

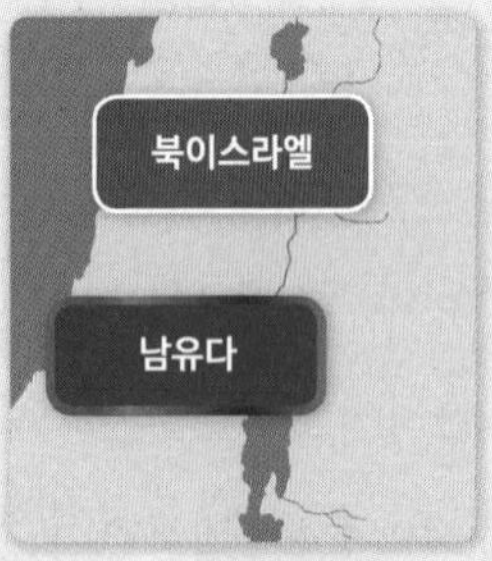

13대 히스기야(29년)

↓

14대 므낫세(55년)

↓

15대 아몬(2년)

↓

16대 요시야(31년)

↓

18대 여호야김(11년)
(요시야의 2남)

↓

19대 여호야긴(3개월 10일)
(여호야김의 아들)

20대 시드기야(11년)
(요시야의 3남)

17대 여호아하스
(3개월)
(요시야의 4남)

콕 Note

히스기야부터 시드기야까지

이스라엘의 역사는 북이스라엘의 왕들과 남쪽 유디왕들의 관계 속에서 북이스라엘이 19명의 왕의 통치로 유지하다가 B.C. 722년에 앗수르에게 멸망당합니다. 그리고 남쪽 왕들만의 역사만 남게 됩니다. 여기서는 북이스라엘의 멸망 후, 당시 역사에 남아 있던 유다의 13대 왕 히스기야부터 20대 시드기야까지의 왕들을 살펴봅니다.

13대 히스기야 (29년)

히스기야는 25세에 왕위에 올라 29년간 다스렸습니다. 그는 여호와께서 보시기에 정직하게 행하였습니다(왕하 18:3). 히스기야왕 14년에 앗수르의 왕 산헤립이 올라와 유다의 성읍들을 점령하고 히스기야를 위협했으나 그는 굵은 베를 두르고 성전에 들어가 기도했으며, 하나님께서는 그의 기도를 들으셔서 앗수르를 물리쳤습니다. 성경은 '여호와의 사자가 나와서 앗수르 진영에서 군사 십팔만 오천 명을 친지라'(왕하 19:35)라고 기록하였습니다.

또한 히스기야는 병으로 죽게 되었을 때에도 하나님께 기도하므로 15년의 생명을 연장받았고, 하늘의 해가 10도 뒤로 물러가는 기적을 경험하기도 하였습니다(왕하 20장).

14대 므낫세
(55년)

므낫세는 유다왕으로 12세에 왕위에 올라 예루살렘을 오십 오년간 다스렸습니다. 므낫세는 여호와 보시기에 악을 행하여 '아버지 히스기야가 헐어버린 산당들을 다시 세우며 이스라엘의 왕 아합의 행위를 따라 바알을 위하여 제단을 쌓으며 아세라 목상을 만들며 하늘의 일월성신을 경배하여'(왕하 21:3) 섬겼습니다. 므낫세 때에 이스라엘 백성은 여호와 앞에서 수많은 악을 행하였습니다. 그는 그의 궁궐동산, 곧 '웃사의 동산[1]'에 장사되었습니다(왕하 21:18).

1) 웃사의 동산
웃사의 동산(Garden of Uzza)은 유다 왕 므낫세와 그의 아들과 아몬이 매장된 곳(왕하 21:18)입니다.

15대 아몬
(2년)

아몬왕은 22세에 왕위에 올라 2년간 예루살렘을 다스렸습니다. 아몬 또한 아버지인 므낫세과 같이 여호와 앞에서 악을 행하였으며 아버지가 섬기던 우상을 섬기고 경배하였습니다(왕하 21:21). 그는 신복들의 반역에 의해 죽임을 당합니다.

16대 요시야
(31년)

요시야는 8세에 왕위에 올라 예루살렘에서 31년간 다스렸습니다. 그는 아버지와 할아버지와는 다르게 '여호와 보시기에 정직히 행하여 그의 조상 다윗의 모든 길로 행하고 좌우로 치우치지 아니하였더라'(왕하 22:2)고 성경은 기록하고 있습니다.

요시야왕은 성전을 수리하였고 또한 율법책을 발견하였으며 이를 계기로 하나님께 자복하여 회개함으로 종교개혁을 일으켜 이방 예배를 없앴습니다(왕하 23:1~20). 또한 언약 책에 기록된 대로 유월절을 지켜 행하였고 그 외에도 신접한 자와 점쟁이, 드라빔과 우상 등의 가증한 것을 제거하였습니다(왕하 23:21~27). 하지만 그는 앗수르와의 전쟁을 위해 '갈그미스'로 출정하는 애굽의 왕 '느고'가 더 이상 진군하지 못하도록 막았다가 '므깃도'에서 전사합니다(왕하 23:28~30). 이후 유다는 거의 국권을 상실하고 맙니다.

요시야왕의 아들들

16대 왕 요시아의 아들 중 남유다의 왕은 총 세 명입니다. 17대 왕 여호아하스, 18대 왕 여오와김, 20대 왕 시드기야입니다.

❶ 여호아하스

여호아하스는 요시야의 4남이며 17대 왕입니다. 애굽왕 느고에 의해 3개월 만에 폐위(廢位)되고 애굽에 포로로 잡혀가 죽습니다. 그리고 그의 형제 여호야김이 뒤를 이어 왕이 됩니다.

❷ 여호야김

여호야김은 요시야의 2남이며 18대 왕입니다. 여호아하스의 뒤를 이어 25세에 왕위에 올랐으며(왕하 23:36), 본명이 '엘리야김'이었으나 그를 세운 애굽 왕 바로 느고에 의해 '여호야김'으로 개명되었습니다(왕하 23:34). 여호야김은 애굽 왕 바로에 의해 왕으로 임명되었기 때문에 친애굽적인 성향을 가지고 있었습니다. 때문에 애굽에 조공을 바쳤고, 선지자 예레미야와 하박국의 말을 듣지 않았습니다. 여호야김은 느브갓네살 왕의 침입으로 예루살렘에서 죽었습니다.

❸ 여호야긴

여호야긴은 여호야김의 아들이며 19대 왕으로 18세에 왕위에 올라 3개월간 다스렸습니다(대하 36:9). 그는 자기 부친을 본받아 악을 행하다가(왕하 24:9) 느부갓네살에 의해 모친(느후스다)과 아내들과 신하들과 함께 포로로 잡혀갔습니다(왕하 24:10~16). 그 후 포로 생활 37년 만에 바벨론 왕 에윌므로닥에 의해 석방됩니다(왕하 25:27~30).

❹ 시드기야

시드기야는 유다의 마지막 왕입니다. 시드기야는 조카이자 선왕인 여호야긴(여호야김의 아들)이 바벨론에 포로로 끌려간 후 느부갓네살왕에 의해 21세의 나이에 왕이 되었습니다. 이때 본래 이름은 '맛다니야'인데 바벨론식 이름인 '시드기야'로 개명하게 되었습니다(겔 17:11~14). 하지만 시드기야는 하나님의 말씀에 순종하지 않았고, 하나님 보시기에 악을 행했던 왕이었습니다.

즉위 3년에 친(親) 애굽파가 득세하자 선지자 예레미야의 경고에도 불구하고 주변 군소 국가들과 함께 반(反) 바벨론 동맹을 결성하고(렘 27:3, 52:3), 즉위 9년에는 바벨론에 반역을 꾀하였습니다(렘 44:30). 그러나 바벨론의 침공으로 말미암아 결국 시드기야 11년 4월 9일, 햇수로 만 3년 만에 예루살렘 성은 함락되었고 남유다는 멸망하게 되었습니다(렘 37:21; 애 2:4). 이런 상황에서 시드기야왕은 포위망을 뚫고 아라바 광야 쪽으로 도주하였으나, 결국 여리고 평지에서 바벨론 군사들에게 체포되는 신세가 되었고(왕하 25:4~6), 립나로 끌려간 시드기야는 두 아들이 죽임당하는 것을 목도해야 했고, 자신도 두 눈이 뽑힌 채 사슬에 묶여 바벨론으로 잡혀가 옥에서 생을 마치게 되었습니다(왕하 25:7; 렘 52:11).

열왕기상하는 하나님의 관점에 따라 왕들을 평가합니다. 언약의 말씀을 따라 하나님을 잘 섬겼던 왕들도 있었고, 여로보암의 뒤를 따라 하나님 앞에 악을 행했던 왕들도 있었습니다. 하나님께서는 왕들이 행한 일에 따라 변함없는 공의로 그들을 판단하시고 심판하셨습니다. 이러한 공의의 하나님께서 오늘도 세상을 통치하고 계심을 깨닫고, 날마다 하나님 앞에서 정직하게 자신의 모습을 돌아보기를 바랍니다.

Section 35

열왕기의 동명이인 남북 왕들과 선지자

북	8. 아하시야	9. 여호람	11. 여호아하스	12. 요아스
남	6. 아하시야	5. 여호람	17. 여호아하스	8. 요아스

10. 예후 (왕)	14. 스가랴 (왕)	19. 호세아 (왕)
예후 (선지자)	스가랴 (선지자)	호세아 (선지자)

콕 Note

똑같은 이름, 다른 왕, 다른 선지자

열왕기서에는 같은 이름이 왕이 북이스라엘에도 있고 남유다에도 있습니다. 예컨대 '여호람' 같은 왕입니다. 이처럼 열왕기서에는 이름이 같은데 다른 왕들, 즉 동명이인(同名異人)이 몇 명 등장합니다. 그래서 오해할 수도 있는 동명이인인 왕들과 선지자들의 이름을 한눈에 보기 쉽게 살펴보겠습니다.

아하시야

남유다의 6대 왕 아하시야와 북이스라엘의 8대 왕 아하시야는 동명이인, 즉 같은 이름이지만 실제로 다른 인물입니다. 남유다 아하시야는 22세에 왕이 되었으며 1년간 다스렸습니다(왕하 8:25~29). 당시 북이스라엘의 왕이었던 요람이 아람 왕 하사엘과의 전쟁에서 부상을 당하자, 그를 문병하기 위해 북이스라엘을 방문하기도 하였습니다. 북이스라엘의 8대 왕 아하시야는 아합의 아들로 2년간 다스렸습니다(왕상 22:40~왕하 2:18). 그는 엘리야를 부르기 위해 세 번이나 오십 명의 군사를 보냈습니다. 엘리야는 아하시야를 향하여 '침상에서 내려오지 못할지라. 네가 반드시 죽으리라(왕하 1:17)'라는 예언을 하였고 그 예언대로 그가 통치하던 둘째 해에 사망하였습니다.

여호람

남유다 여호람은 32세에 왕이 되어서 8년간 통치했지만 하나님 앞에서 악을 행했습니다(왕하 8:16~24). 그가 패역했던 이유 중의 하나는 바알을 섬겼던 아합과 이세벨의 딸인 아달랴를 아내로 맞이했기 때문이었습니다(왕하 8:18). 이때에 에돔이 남유다를 배반합니다. 북이스라엘의 여호람은 12년간 이스라엘을 다스렸으며 아람왕과 싸우던 중 예후에게 죽임을 당했습니다. 특별히 이 여호람왕은 아합과 이세벨의 아들이며, 아달랴의 오빠이기에 남유다 왕 여호람과는 처남과 매부 관계가 되었습니다(왕하 3:1~9:25).

여호아하스

남유다 17대 왕 여호아하스는 23세에 왕이 되어 3개월 만에 애굽왕에 의해 폐위되었습니다(왕하 23:31~33). 북이스라엘의 11대 왕인 여호아하스는 예후의 아들로서 17년간 이스라엘을 다스렸습니다. 그는 아세라 우상을 섬기는 하나님 보시기에 악한 왕이었습니다(왕하 13:1~9).

요아스

남유다의 8대 왕인 요아스는 7세에 왕이 되어 40년간 통치하였습니다. 그의 최대 업적은 하나님의 성전을 수리한 것이나 제사장 여호야다가 죽자, 즉시 우상을 섬겼습니다(왕하 12장). 북이스라엘의 12대 왕인 요아스는 사마리아에서 16년간 통치하였고, 이스라엘 백성을 범죄케 하여 하나님 앞에서 악을 행했습니다(왕하 13:10~14:16).

예후

북이스라엘의 10대 왕 예후는 군대장관이었으나 엘리사에 의해 왕으로 기름부음을 받았습니다. 바알 산당과 바알 상을 없애고 이스라엘 백성이 하나님께 돌아오도록 하였습니다(왕하 9:1~10). 또한 하나님 앞에 범죄한 아합왕의 집안과 바알을 섬기는 자들을 몰살시켰으나 전심으로 하나님의 율법을 지켜 행하지는 않았습니다(왕하 10:30~31). 선지자 예후는 이스라엘 왕 바아사 때의 선지자입니다. 그는 여호사밧에게 하나님을 믿지 않고 아합과 연합한 행위에 대하여 경고하였습니다.

호세아

북이스라엘 마지막 왕인 호세아는 반역을 일으켜 왕이 되었으나 통치 9년 만에 이스라엘은 멸망하고 호세아는 포로로 끌려가게 됩니다. B.C. 722년에 마침내 북이스라엘은 멸망하여 역사의 뒤안길로 사라집니다. 호세아 선지자는 여로보암 2세가 통치할 때에 소명을 받고 활동을 시작했습니다. 음란한 여인 고멜은 계속하여 호세아를 떠났으나 이는 하나님의 마음을 호세아와 이스라엘 백성에게 계시하기 위한 하나님의 특별한 부르심이었습니다.

성경에는 같은 이름을 가진 사람들이 등장합니다. 그런데 같은 이름을 가지고 있었지만 어떤 이는 하나님의 말씀에 순종하는 삶을 살았고, 어떤 이는 하나님의 말씀에 불순종하는 악한 삶을 살았습니다. 이는 이름이 중요한 것이 아니고, 삶이 중요하다는 사실을 알려줍니다. 이러한 사실을 기억하면서 우리는 하나님께 영광을 돌리는 바른 삶을 통해 하나님께 큰 복을 받아 누리는 은혜가 있기를 바랍니다.

Section 36

열왕기하의 사돈관계

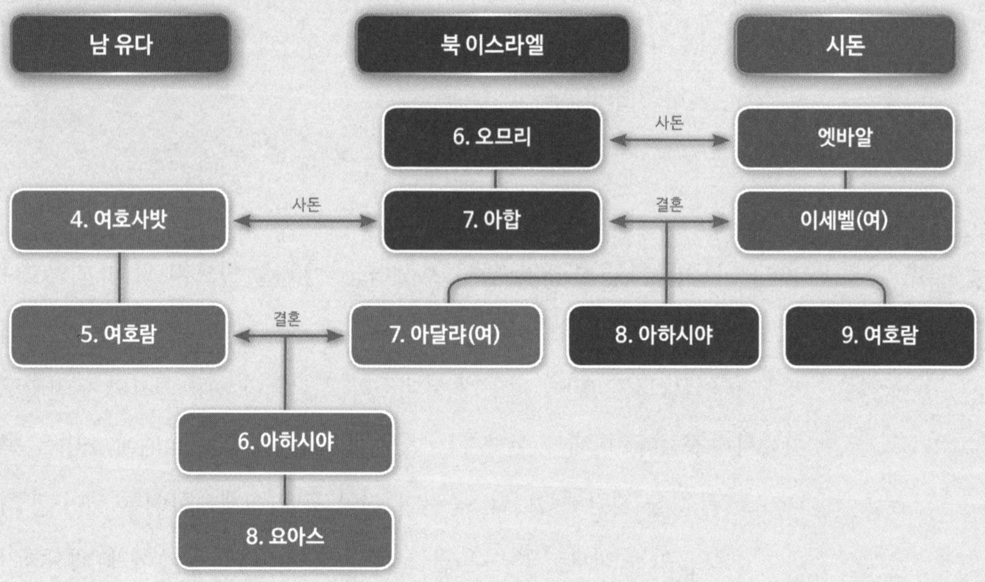

콕 Note

사돈끼리 잘해봅시다!

부모가 자신의 아들이나 딸의 결혼을 통해서 만나게 되는 사람은 배우자의 부모입니다. 이를 가리켜 '사돈관계'라고 하는데, 이러한 자녀의 결혼을 정치적으로, 전략적으로 이용하던 모습이 열왕기하에 여러 모양으로 나타납니다. 이러한 다소 복잡해 보이는 사돈관계, 결혼관계의 배경과 상황을 살펴보고자 합니다.

오므리와 엣바알

❶ 오므리

북이스라엘의 6대 왕 오므리는 유다 왕 아사 27년에 엘라를 살해한 시므리의 반란 때 백성에 의해 이스라엘 왕으로 추대되었습니다(왕상 16:15~16). 오므리에 맞섰던 시므리는 7일 만에 자살하여 반란이 끝이 납니다(왕상 16:18). 오므리는 당시 두로와 맺은 동맹을 확고히 하기 위해 자신의 아들 아합과 베니게의 공주 이세벨을 결혼시켰습니다. 이 결혼 동맹으로 인해 북이스라엘에는 이방의 악한 풍습과 바알 우상 등이 급속히 유입되어 더욱 타락하게 되었고, 결국 오므리 왕조는 멸망합니다. 이에 대하여 성경은 오므리가 하나님 보시기에 사악한 통치자였다고 기록하고 있습니다(왕상 16:25~28; 미 6:16).

❷ 엣바알

엣바알은 두로와 시돈에 성행하던 아스다롯 신전의 제사장입니다. 히람 1세의 마지막 후손 펠리스를 살해하고 시돈 왕이 되었는데 그의 딸 이세벨을 아합 왕에게 주어 결혼 동맹을 맺고 오므리와 사돈 관계가 되었습니다(왕상 16:31).

여호사밧과 아합

❶ 여호사밧

여호사밧은 남왕국 유다의 4대 왕으로 35세에 왕이 되어 25년간 통치했습니다. 그는 여호와 앞에서 정직하게 행하였고 우상과 산당을 파괴하고 백성에게 율법을 가르치며 오직 하나님만을 의지하게 하고 하나님의 공의가 구현되도록 노력하였습니다(왕하 22:4,43; 대하 17:6~9, 18:4~6, 19:2~11). 이로 인해 하나님께서 복을 주셔서 나라가 더욱 견고해졌으나(대하 17:10~19) 그는 이 같은 강성함을 지속시키기 위해 아들 여호람을 북이스라엘 왕 아합의 딸인 아달랴와 정략결혼을 시키는 잘못을 범합니다(대하 18:1). 그는 죽기 전에 장자인 여호람에게 왕위를 물려주고 사망 후, 다윗성에 장사되었습니다(대하 21:1~3).

❷ 아합

아합은 북이스라엘의 7대 왕으로 22년간 통치하였는데, 모압에게서 많은 조공을 받는 등 가장 강력한 통치력을 발휘하였습니다(왕하 3:4). 하지만 그는 시돈의 왕이요, 바알 제사장인 엣바알의 딸 이세벨을 아내로 맞아 이스라엘 역사상 우상 바알숭배를 가장 강력하게 퍼트렸습니다(왕상 16:28~31). 그 결과 이스라엘에는 기근과 가뭄이 찾아왔으며(왕상 16:32~33), 말년에 수리아(아람) 왕 벤하닷과의 전쟁을 세 번이나 치르던 중 마지막 전투에서 선지자 미가야의 경고를 무시한 채 전쟁에 나갔다가 사망하여 사마리아에서 장사되었습니다(왕상 22:5~37). 아합과 이세벨 사이에 태어난 아들이 아하시야와 여호람, 아달랴인데 아하시야는 아합의 뒤를 이어 왕이 되었고, 북이스라엘을 2년 동안 다스렸습니다. 아합의 딸인 아달랴는 남유다의 4대 왕 여호사밧의 아들인 여호람과 결혼하였습니다. 아달랴를 아내로 맞은 여호람은 역시나 악을 행하였습니다(왕하 8:18~20).

남유다 5대 왕 여호람과 아달랴의 사이에서 태어난 아들이 아하시야인데, 그는 22세에 왕위에 올라 일 년을 통치하였습니다. 성경은 그가 오므리의 손녀라고 기록하고 있습니다(왕하 8:27). 다시 정리하자면 남유다의 5대 왕 여호람과 북이스라엘 9대 왕 여호람은 '처남-매부' 관계이며 남유다의 6대 왕 아하시야와 북이스라엘 8대 왕 아하시야는 조카와 외삼촌 관계가 됩니다.

정치적인 사돈관계를 통하여 그들의 정치는 안정되었으나, 여호람과 아달랴의 결혼, 그리고 아합과 이세벨의 결혼은 우상숭배를 불러왔고, 이것은 결국 하나님의 말씀에 불순종한 사건임을 성경은 증거하고 있습니다. 그들의 정치적 안정을 위한 노력이 결국 우상숭배와 불순종의 죄로 이어졌다는 사실을 기억하며 우리는 하나님께서 우리의 삶을 반드시 책임지실 것을 믿고, 세상적인 방법을 뒤로하고 철저히 하나님의 말씀에 순종하는 삶을 살아가기를 바랍니다.

Section 37

한눈에 보는 선지자

포로 전 시대

이스라엘
- 호세아
- 아모스

앗수르
- 요나
- 나훔

유다
- 예레미야
- 하박국
- 미가
- 스바냐
- 이사야
- 예레미야애가
- 요엘

에돔
- 오바댜

포로 시대

포로 중인 유대인
- 다니엘
- 에스겔

포로귀환 후 시대

예루살렘에 있는 유대인
- 학개
- 스가랴
- 말라기

* 발췌 : 「구약의 파노라마」, (디모데성경연구원)

콕 Note

선지자들은 어떤 시대 사람일까요?

선지자는 성경을 기록한 '기술(記述) 선지자'와 성경을 기록하지 않은 선지자로 나뉩니다. 이 장에서는 성경을 기록한 선지자들을 살펴보고자 합니다. 선지자는 하나님의 말씀을 선포하며 회개를 촉구하는 사람들로서 특히 어둡고 패역한 세대에 많이 활동하였습니다. 따라서 많은 선지자들이 활동한 시대는 더욱 악한 시대였다는 사실을 알 수 있습니다. 선지자의 활동시기를 바벨론에 포로로 잡혀가기 전인 포로 전 시대와 포로 시대, 그리고 포로귀환 후 시대로 나누어 살펴보겠습니다.

1) 선지자
앞일을 미리 말하는 사람으로 '하나님의 말씀을 받아서 전하는 자'라는 의미를 갖고 있습니다.

선지자[1]는 하나님의 말씀을 대언하는 사람들이었기 때문에 말씀을 해석하기보다는 계시받은 하나님의 말씀을 실제적으로 선포하는 역할을 하였습니다. 그들은 하나님께 불순종하는 이스라엘 백성에게 끊임없이 하나님의 심판과 회복의 메시지를 전했으나, 이스라엘 백성은 결국 돌이켜 회개하지 않았습니다. 결국 북이스라엘은 앗수르에게, 남유다는 바벨론에게 멸망합니다. 이러한 시대적 상황 속에서 회개의 메시지를 선포하는 선지자들은 왕과 백성에게 큰 불만을 가지고 있었습니다. 선지자는 시대에 따라 세 가지로 구분할 수 있습니다. 바벨론에 포로로 잡혀가기 이전 시대와 포로로 잡혀간 시대, 그리고 포로귀환 후 시대입니다. 이에 대해 자세히 살펴보겠습니다.

포로 전 시대

호세아, 아모스는 이스라엘에서 활동했던 선지자들입니다. 호세아와 아모스가 활동한 시기는 부유한 시대였지만 하나님의 정의와 공의가 사라진 시대였습니다. 사회적 부패가 극에 달하던 시대였기 때문에 그들은 하나님의 공의를 선포하였습니다.

요나와 나훔은 앗수르에서 활동하였습니다. 특히 요나는 앗수르의 수도인 니느웨에 회개를 선포하였습니다. 예레미야, 하박국, 미가, 스바냐, 이사야, 요엘 등의 선지자는 남유다에서 하나님의 말씀을 대언하였습니다. 오바댜는 에돔에서 활동했습니다.

포로 시대

포로 시대에는 다니엘과 에스겔이 활동했습니다. 이들은 모두 이스라엘에서 바벨론으로 잡혀온 사람들이었는데 특별히 제1차 포로로는 다니엘이, 제2차 포로로는 에스겔이 끌려 왔습니다. 다니엘은 바벨론의 뛰어난 정치, 행정가인 동시에 하나님의 이상을 보는 선지자로 활동하였습니다. 그는 예레미야의 예언을 깨달아 회복의 역사가 이스라엘의 멸망 70년 이후에 이루어진다는 사실을 알게 됩니다. 에스겔은 원래 제사장이었으나, 특별한 하나님의 부르심으로 선지자가 됩니다.

포로귀환 후 시대

포로 후의 선지자로는 학개와 스가랴, 말라기가 있습니다. 본국으로 돌아온 이스라엘 백성은 스룹바벨을 중심으로 성전을 재건하려고 했지만, 주변 민족들의 방해로 16년간이나 공사가 중단됩니다. 학개와 스가랴는 성전의 재건을 독려하였고, 말라기는 암울하고 가난한 시대상 속에서 하나님께 온전히 제사드리지 못하는 이스라엘 백성을 향해 하나님의 메시지를 선포하였습니다.

포로기 전후의 선지자들은 백성의 안일함과 도덕적 타락, 그리고 우상숭배 앞에서 담대하게 여호와 하나님의 심판을 선포하였습니다. 우리도 이러한 모습을 본받아 '하나님을 두려워할까, 사람을 두려워할까'를 늘 생각하며 하나님 편에 서는 결단이 있어야 합니다. 그럴 때 하나님께서는 우리의 삶을 책임져 주시며 충만한 지혜와 능력을 채워주실 것입니다.

Section 38

헤롯의 가계도

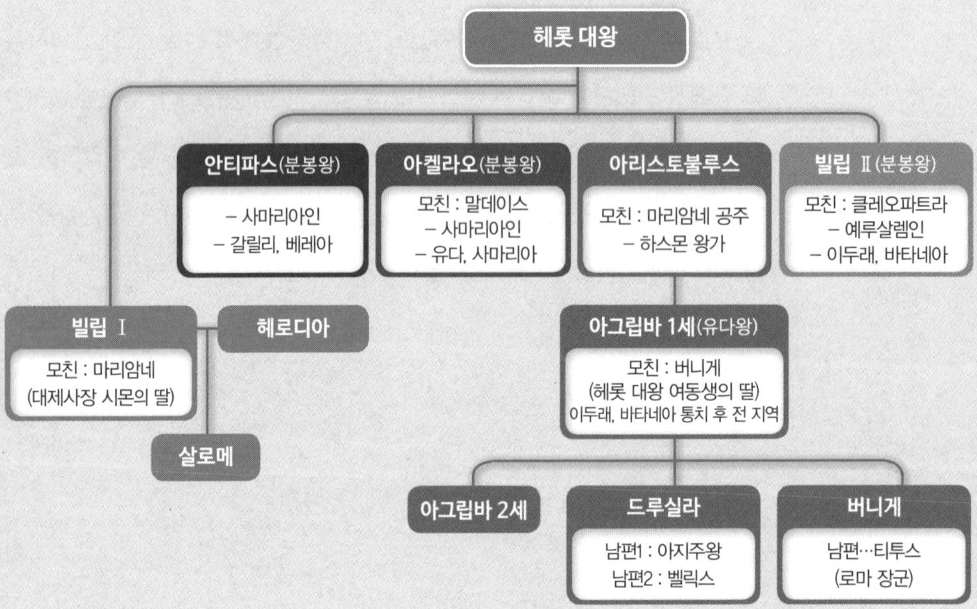

콕 Note

헤롯 가문을 알아보아요!

복음서에서 헤롯 가문은 예수님뿐만 아니라 예수님의 제자들에게까지 매우 밀접한 관계가 있습니다. 이러한 관계 속에 있는 헤롯의 가문을 이해할 때 신약의 역사서(복음서와 사도행전)를 잘 이해할 수 있습니다. 그런데 복음서와 사도행전에 등장하는 헤롯왕은 한 사람을 가리키는 것이 아닙니다. 그렇다면 성경에 등장하는 많은 헤롯들은 누구인지를 헤롯 가문의 가계도 그림을 통해 살펴보고자 합니다.

로마가 아시아와 유럽지역의 패권을 장악하고 있었을 때, 로마 황제 혼자서는 로마의 넓은 영토를 모두 다스리기에 불가능한 상황이었습니다. 그래서 로마는 각 지역의 왕을 선출하여 각 지역을 통치하도록 하였습니다. 그중 팔레스타인을 다스렸던 왕으로는 '민족왕과 분봉왕' 두 종류가 있었습니다.

민족왕은 유대 전체를 다스리는 왕을 말하는 것으로 성경에서는 보통 '왕'으로 기록되었습니다. 그리고 분봉왕은 민족왕의 1/4 정도의 영토를 다스렸습니다. 즉 두 왕의 차이는 다스리는 영토의 크기에 따른 것인데, 사실상 헤롯 왕가의 왕들은 헤롯 대왕과 아그립바 1, 2세를 제외하고는 모두 분봉왕이라고 할 수 있습니다. 그러면 이제부터 헤롯 가문의 가계를 살펴보겠습니다.

헤롯 대왕
(민족왕)

헤롯 대왕은 안토니우스와 옥타비아누스의 도움으로 원로원에 의해 유대 왕으로 임명되었고, 주전 37년에서 주후 4년까지 약 40여 년간 유대를 다스렸습니다.[2] 헤롯을 왕이 되도록 도와주었던 안토니우스는 그 유명한 클레오파트라의 연인이었고, 악티움해전에서 패하여 자살하였습니다. 옥타비아누스는 훗날 원로원에 의해 아우구스투스[3](존엄자)라는 칭호를 얻습니다. 이러한 상황 속에서 황제가 된 옥타비아누스는 유대민족의 특성상 강한 저항이 있을 것으로 예상하여 꼭두각시 왕을 세워 유대민족을 회유하려고 합니다. 당시 분봉왕이었던 헤롯(헤롯 대왕)은 거친 풍랑이 일렁이는 겨울의 지중해 바다를 항해하여 옥타비아누스를 찾아왔을 정도로 권력에 대한 열망이 강력한 사람이었습니다. 이에 강한 인상을 받은 옥타비아누스는 헤롯을 유대의 왕으로 임명합니다. 유대인들은 이두매와 유대의 혼혈이라는 이유를 들어서 헤롯을 자신의 왕으로 인정하기를 거부합니다. 때문에 왕위에 오르는데 3년이라는 시간이 소모됩니다. 이런 배경은 헤롯 대왕 평생의 큰 열등감으로 작용하게 되었으며, 자신의 부인과 아들을 살해하는 등의 병적인 증상들도 보이게 됩니다. 예수님의 탄생 시 어린아이들을 모두 살해한 왕이 이 헤롯 대왕인데, 정말 잔인한 사람이라고 할 수 있습니다.[4]

헤롯 대왕이 죽은 후, 헤롯의 세 아들은 로마의 황제에게 찾아가 상소하여 소송할 정도의 노력을 기울여 영토를 분할 받습니다. 그중 아켈라오는 유대와 사마리아, 남쪽 이두메 지역을, 안티파스는 갈릴

2) 박찬수, 『한 눈에 들어오는 성경, (도서출판 죠에, 2007)』, 138.

3) **아우구스투스** 본명은 가이우스 옥타비아누스입니다. 그는 주전 44년 카이사르(시저)가 암살된 이후 유언에 따라 후계자가 되었습니다. 옥타비아누스는 원로원으로부터 존엄자라는 뜻의 아우구스투스라는 칭호를 얻었으며 숙적들을 격파하고 로마의 초대 황제가 됩니다. 그가 통치한 41년간은 로마의 평화 시대로, 라틴문학의 황금기이기도 합니다.

4) 김병국, 『신구약 중간사 이야기, (도서출판 대서, 2015)』

리와 베레아를, 빌립은 갈릴리 북동쪽의 이두매와 드라고닛 지역을 다스리게 되었습니다.

아켈라오
(분봉왕)

특히 아켈라오는 주전 4년에서 주후 6년까지의 짧은 시간을 통치하였습니다. 왜냐하면 유대인들과 사마리아인들은 그의 잔인한 성품을 잘 알고 있었고, 로마의 황제 아우구스티누스에게까지 찾아가 왕을 폐위시켜달라고 간청하였기 때문입니다. 목숨을 건 그들의 요청은 성공하고 아켈라오가 다스리던 지역은 로마의 총독 코포니우스가 다스리게 됩니다.

안티파스
(분봉왕)

안티파스는 주전 4년에서 주후 39년까지 오랜 시간을 갈릴리와 베레아 지역에서 분봉왕으로 통치했습니다. 안티파스하면 기억해야 할 성경 인물이 바로 세례 요한입니다. 안티파스는 원래 나바티아 왕국의 공주와 결혼했으나 동생 빌립의 아내인 헤로디아와 결혼하기 위해 공주를 내쫓았고 세례 요한은 이를 책망했습니다. 빌립과 헤로디아 사이에서 태어난 살로메는 춤을 추어 새아버지인 안티파스를 기쁘게 하였고, 안티파스는 그녀의 소원을 들어주기 위해 세례 요한의 목을 베게 됩니다. 또한 예수님을 십자가에 못 박았던 헤롯왕이 바로 안티파스입니다.

빌립 I

빌립 I은 헤롯 대왕과 대제사장 시몬의 딸인 마리암네 사이에서 태어났으며 헤로디아의 첫 번째 남편이자 살로메의 아버지이기도 합니다.

빌립Ⅱ
(분봉왕)

빌립Ⅱ는 누가복음 3장 1절에 처음으로 등장합니다. 빌립은 안티파스와 헤로디아의 딸인 살로메와 결혼합니다. 자신의 조카와 결혼한 것이지만 당시에 근친결혼은 왕족들 사이에서는 매우 흔한 일이었습니다. 빌립Ⅱ는 공관복음에 여러 번 기록된 가이사랴 빌립보라는 도시를 건설한 인물이기도 합니다.

헤롯 아그립바 1세

헤롯 아그립바 1세는 사도행전 12장에서 사도 야고보를 죽이고 베드로를 옥에 가둘 정도로 악한 사람이었고, 주후 41년에 이르러서 유대 대부분의 지역을 통치하면서 교만해집니다. 하지만 사도행전 12장에서는 하나님께 영광을 돌리지 않았기에 그 교만의 결과로 벌레에 먹혀 죽었다고 기록되어 있습니다.

헤롯 아그립바 2세

헤롯 아그립바 1세의 아들로, 어린 나이에 왕이 됩니다. 아그립바 2세는 사도바울과 깊은 연관성이 있습니다. 성경에서는 사도행전 25장에 등장합니다. 사도 바울이 로마로 가기 위해 가이사에게 상소했을 때의 왕이 아그립바 2세였습니다. 바울이 구류되어 있을 때에는 아그립바왕과 버니게가 신임 총독 베스도에게 문안하러 가이사랴로 찾아옵니다. 헤롯 아그립바 2세는 유대의 마지막 통치자였고, 그의 사후 로마가 직접적으로 이스라엘을 다스리게 됩니다.

헤롯의 가계를 공부하며 예수님과 사도들의 시대에 복음에는 전혀 관심이 없고 오직 정치적인 인기와 속되고 헛된 것에 대한 희망을 가지고 살았던 한 가문의 모습을 보았습니다. 이제 우리는 무엇을 선택할 것인가의 기로에 놓여 있습니다. 복음의 길을 따를 것인지, 아니면 헤롯 왕가와 같이 정치와 권력, 부에 집중하는 삶을 살아갈 것인지를 정해야 합니다. 그 선택은 우리의 삶의 결론이 됩니다. 부디 바른 선택을 통해 하나님께 인정받고 삶에서 풍성한 열매를 맺는 은혜가 있기를 바랍니다.

Section 39

신 바벨론 제국의 역대 왕

바벨론 왕	중요한 사건들	참고 성경
나보폴라살 (B.C. 626~605)	• 메대 왕 키악사레스(B.C. 626에 바벨론을 점령한 갈대아 족장)와 동맹 • B.C. 612에 니느웨를 정복 • **요시야의 죽음**(므깃도)	• 왕하 23:28~30
느브갓네살 (B.C. 605~562)	• **제1차 침입 B.C. 605**(제1차 포로) • **다니엘** 포함 유대인들 잡아감 • 다니엘의 세 친구(**사드락, 메삭, 아벳느고**)를 풀무불에 넣음	• 다니엘 3장
	• **제2차 침입 B.C. 597**(제2차 포로) 여호야긴왕과 에스겔을 포함한 많은 포로를 잡아감	• 왕하 24:5~17
	• **제3차 침입 B.C. 586**(제3차 포로) 왕이 보는 앞에서 아들 죽이고 시드기야 왕은 두 눈이 뽑힘 • 석가모니 출생 B.C. 563~483	• 왕하 25:1~7
에월므로닥 (B.C. 562~560)	• 느브갓네살의 아들 • 유다 왕 여호야긴을 석방	• 왕하 25:27~30
네르갈사레셀 (B.C. 560~556)	• 처남인 에월므로닥을 살해 후 왕이됨(느브갓네살의 사위) • 예루살렘의 마지막 포위 공격 참여함	• 렘 39:3
라바쉬므로닥 (B.C. 556)	• 네르갈사레셀의 아들 • 왕위에 오른지 9개월 만에 음모단에 의해 폐위 • 나보니두스에게 제거됨	
나보니두스와 그의 아들 벨사살 (B.C. 556~539)	• B.C. 553 아들 벨사살에게 통치권을 넘기고 남방 확보를 위해 아라비아에 위치한 테마 점령. 바벨론에는 가지 않고 아들에게 국사를 맡김 • B.C. 539 고레스(키루스)왕에게 항복 • **메네메네 데겔 우바르신** • 공자가 태어남(B.C. 551~479)	• 단 5장

콕 Note

뜨는 해, 바벨론제국

20세기에 한국, 싱가포르, 홍콩, 대만 네 국가는 아시아의 4대 용이라고 불렸고, 요즘은 중국이 새로운 강대국으로 주목받고 있는 현실입니다. 역사란 국가와 인간의 흥망성쇠를 기록한 것이라고 할 수 있습니다. 성경에서도 북이스라엘을 멸망시킨 앗수르가 조금씩 힘을 잃어가고 바벨론이라는 국가가 새롭게 부상하던 시기가 있었습니다. 이러한 바벨론제국을 다스렸던 역대 왕들과 그들이 등장한 성경의 사건을 일목요연하게 살펴보겠습니다.

바벨론 제국

바벨론제국은 니므롯에 의해 세워진 여러 도시들 중에 한 곳입니다(창 10:10, 11:1~9). 바그다드 남쪽 50km 지점 유브라데 강변에 위치한 성읍인데, 이 성읍을 중심으로 바벨론제국이 건설되었습니다. 바벨론제국은 B.C. 2000년대 후반기에 우르(Ur)의 제3대 술기왕이 바벨론을 점령한 뒤, 그 후계자들이 계속 지배해 오다가 그 후 셈족 계열의 아모리 왕조(Amorite)가 침입해 도시를 전복시키고 바벨론 제1왕조(고대 바벨론)를 열게 된 것이 기원입니다. 이 바벨론제국의 제1왕조에서 가장 유명한 왕은 6대 왕인 함무라비(Hammurabi)인데, 그는 중앙 집권 국가 건설, 행정 조직 정비, 종교적 봉건제 실시, 운하의 개통 중 고대 바벨론제국의 황금시대를 이루었으며, 사회 질서 유지와 경제적 정의 실현을 위해 '함무라비법전[1]'을 제정하였습니다.

1) 함무라비법전
고대바빌로니아 제1왕조의 6대 왕인 함무라비왕(주전 1792~1750)이 그의 말년에 만든 성문법으로, 1901년 프랑스 탐험대가 페르시아의 고도에서 발견하였으며 현재 루브르 미술관에 소장되어 있습니다.

구바벨론이 멸망한 뒤 이 지역은 끊임없는 이민족의 침입으로 민족이 분립하여 항쟁하는 시기가 계속됩니다. 이후 등장한 앗수르는 융성한 국가를 이루었으나, 주전 612년경에 메대와 갈대아가 연합하여 앗수르제국의 수도인 니느웨를 점령하였습니다. 이와 같이 수립된 신바벨론제국은 앗수르를 대신하여 지역의 패권을 장악합니다. 이러한 상황의 틈바구니 속에 있던 유다는 정복 전쟁을 메소포타미아 지역에서 유럽 및 애굽 쪽으로 감행합니다. 결국 유다는 바벨론에 의해 멸망당하고 총 세 차례에 걸쳐 포로로 끌려갑니다. 그러면 신 바벨론제국의 역대 왕들이 성경과 어떤 연관성을 가지고 있는지를 살펴보고자 합니다.

나보폴라살 (주전 626~605)

나보폴라살왕은 신바벨론의 초대 왕으로 성경에는 직접적으로 언급되어 있지 않지만 요시야[2]왕이 전사한 므깃도 전투와 깊은 연관성을 가지고 있습니다(왕하 23:28~30). 나보폴라살왕은 메대와 연합하여 당시 아시아를 장악하고 있던 앗수르의 수도인 니느웨를 점령하였고, 지역의 신흥강자로 급부상하게 되는 과정에 애굽 왕(바로) 느고는 앗수르를 도와줍니다. 바벨론을 견제하기로 결단을 내리고 출정하는데, 이와 같은 상황 속에서 애굽 왕 느고와 남유다의 왕 요시야가 므깃도에서 격돌합니다. 이를 므깃도 전투라고 하는데, 요시야는 이 전쟁에서 전사하고 이때부터 남유다는 국권을 거의 상실하여 주변 국가들에 의해 지배당하는 역사가 시작됩니다.

2) 요시야
남유다의 16대 왕으로 성전 수리 중 발견된 율법책을 바탕으로 종교개혁을 일으켰고 신앙의 회복운동을 일으켰다. 열왕기하 23:25절은 당시의 상황을 다음과 같이 기록한다. "요시야와 같이 마음을 다하며 뜻을 다하며 힘을 다하여 모세의 모든 율법을 따라 여호와께로 돌이킨 왕은 요시야 전에도 없었고 후에도 그와 같은 자가 없었더라."

느부갓네살

느부갓네살은 성경과 가장 깊은 연관성을 가지고 있는 바벨론의 왕입니다. 따라서 느부갓네살을 이해하는 것은 성경을 이해하는데 많은 도움이 됩니다. 느부갓네살왕은 총 세 차례에 걸쳐 남유다를 침공하였고 그때마다 포로를 바벨론으로 이송하였습니다. 이 세 차례의 침공과 끌려간 포로들이 누구인지 아는 것이 성경을 이해하는데 대단히 중요합니다.

제1차 침입(B.C. 605) 때에는 왕족과 귀족 출신의 전도유망한 청소년들이 포로로 끌려갔는데, 이때의 포로 중 주요한 인물들이 바로 다니엘과 세 친구입니다.

제2차 침입(B.C. 597) 때에는 여호야긴왕과 에스겔, 그리고 유다의 고급 인력들이 바벨론으로 끌려갑니다.

제3차 침입(B.C. 586) 때에 마침내 남유다는 멸망하고 마지막 왕인 시드기야는 자녀들이 죽임을 당하고 두 눈이 뽑히는 참사를 당합니다. 하나님의 선민이라고 자부하며 교만했고 하나님의 뜻에 불순종했던 유다가 이렇게 역사에 종말을 고합니다.

느브갓네살왕은 이스라엘의 전도유망한 청소년들에게 제국주의의 이데올로기를 주입하여 완전한 속국으로 만들고자 하는 정책을 펼쳤으며(다니엘 1:3~4), 예루살렘 성전을 훼파하고 성전의 모든 보물을 약탈하기도 하였습니다(역대하 36:18~19).

에월므로닥

에월므로닥은 느부갓네살의 아들로 B.C. 562년부터 560년까지 바벨론 왕국을 통치하였습니다. 에윌므로닥은 부친이 포로로 잡아온 유다왕 여호야긴왕을 석방하고 그를 왕의 식탁에서 함께 식사할 수 있게 배려하였는데, 이를 통해 다른 왕들보다 여호야긴을 존귀하게 여겼음을 알 수 있습니다(왕하 25:27~30).

네르갈사레셀

네르갈사레셀(Nergal-Sharezer)은 에윌므로닥왕의 매형으로(왕하 25:27) 느부갓네살에게는 사위가 되는 셈입니다. 네르갈사레셀은 바벨론 왕 느부갓네살이 예루살렘을 침공할 때(B.C. 587년경) 동행했던 군사령관입니다(렘 39:3~13). 그는 훗날 처남 에윌므로닥을 살해하고 왕위를 승계합니다(왕하 25:27).

라바쉬므로닥

라바쉬므로닥은 네르갈사레셀의 아들로, 왕위에 오른 지 9개월만에 폐위된 비운의 왕입니다. 그는 나보니두스의 음모에 의해 살해되었습니다.

나보니두스와 그의 아들 벨사살

나보니두스는 주전 556년 라바쉬므로닥을 몰아내고 왕위를 차지합니다. 그는 통치 후반기에 아들인 벨사살에게 모든 왕권을 위임하고 아라비아에 위치한 테마를 점령하기 위한 원정을 감행합니다.

그의 아들인 벨사살은 우리에게 매우 친숙한 인물입니다. 성경에서는 벨사살왕이 베푼 잔치를 자세하게 소개하고 있습니다(다니엘 5장). 그들이 술을 마시며 금, 은, 동, 철, 목, 석으로 만든 신들을 찬양할 때에 갑자기 손가락이 나타나 촛대 맞은편의 벽에 '메네 메네 데겔 우바르신'이라는 글자를 적었습니다. 이 글자의 뜻은 함량 미달, 즉 왕의 자격이 없다는 것이었고 결국 바벨론이 멸망한다는 뜻이었습니다(단 5:17~25). 그날 밤 벨사살왕은 죽임을 당하고 페르시아의 왕 고레스 2세에 의해 바벨론은 멸망합니다.

하나님께서는 이스라엘을 부르시고 그들과 언약을 맺으셨으나, 백성은 우상을 숭배하고 악을 행하였으며, 결국 그 죄의 값을 치르게 되었습니다. 그것이 바로 바벨론을 통하여 멸망당하는 유다의 모습이었습니다. 하지만 나무가 베어져도 그 그루터기가 남아있는 것처럼 하나님은 다른 계획을 가지고 있었습니다. 비록 지금은 멸망당하나 다시 회복의 역사를 준비해 놓으신 것입니다. 흘러가는 역사 속에 거룩한 그루터기(사 6:13)가 되어 하나님이 준비하시는 역사의 중심인물들이 되는 은혜가 있기를 바랍니다.

Section 40

페르시아 제국의 역대 왕

페르시아 왕	중요한 사건들	참고 성경
고레스(전사) (B.C. 559~530)	1. 다니엘 사자굴(다리오왕, B.C. 537) **2. 제1차 포로귀환(B.C. 537)** 3. 성전재건(B.C. 536) 4. 성전공사 중단(B.C. 536)	• 다니엘 6:1~28 • 다니엘 10:1 • 에스라 1:1~38 • 에스라 4:1~5:24 • 에스라 4:6~24
캄비세스(자살) (B.C. 530~520)	1. 애굽정복(B.C. 525) 2. 성전공사 : 16년간 중단	
스메르디스		
다리오 (B.C. 521~485)	1. 성전공사 재개(B.C. 520) **2. 스룹바벨 성전완공(B.C. 516)(학개, 스가랴 예언)** 3. 마라톤 전쟁에 패함(B.C. 490)	• 에스라 6:1~12 • 에스라 6:15 • 학개 1~2장 • 스가랴 6:9~15
아하수에로 (B.C. 485~465)	1. 그리스와 국가전쟁(B.C. 480) 살라미 해전에서 대패(B.C. 479) **2. 에스더 왕비 간택(B.C. 479)** 3. **부림절**의 제정(B.C. 473)	• 에스더 1:1 • 에스더 2:16 • 에스더 9:20
아닥사스다 1세 (B.C. 464~424)	1. 제2차 포로귀환(B.C. 458) : **에스라** 인도 2. 제3차 포로귀환(B.C. 444) : **느헤미야** 3. 말라기 선지자 4. 중국 : 춘추전국시대 개막	• 에스라 7:1~7 • 느헤미야 1:1 • 느헤미야 2:1~10 • 말라기 3:7~4:6 • 십일조, 신앙회복
아리우스		
아닥사스다 2세 아닥사스다 3세 아르소 다리오 3세	• B.C. 404~359 • B.C. 359~338 • B.C. 338~336 • **페르시아 멸망**	• 알렉산더에게 멸망

콕 Note

페르시아의 왕들

페르시아(바사)의 왕들은 성경의 역사서와 소선지서에서 등장하는데 고레스, 다리오, 아하수에로, 아닥사스다 등을 들 수가 있습니다. 그리고 그 왕들의 단순한 이름보다는 성경 속에서 어떤 역할을 담당했는지를 알아가는 것이 중요합니다. 이에 페르시아제국의 역대 왕들을 살펴보고, 그들의 역할과 그가 끼친 영향력 및 영적 의미를 세부적으로 살펴보겠습니다.

페르시아는 구약성경 39권 중 총 7권과 관련이 있습니다.[1] 즉 페르시아의 역대 왕들을 공부한다는 것은 구약의 맥을 잡는 데 아주 중요한 과제라고 할 수 있습니다. 다니엘은 바벨론과 페르시아 두 국가 모두에서 인정받는 뛰어난 정치가이자 행정가입니다. 또한 이 시기에 총 세 차례에 걸쳐 이스라엘 백성이 귀환[2]합니다(제1차, 제2차, 제3차 포로귀환에 대한 자세한 내용은 Section 60에서 다룹니다).

이러한 상황 속에서 페르시아의 왕들과 관련한 중요 사건들을 살펴보는 것은 성경을 이해하는 데 매우 큰 도움이 됩니다. 이러한 성경적 사건을 페르시아의 각 왕들을 통해 더욱 자세히 살펴보겠습니다.

1) 조병호, 『성경과 5대 제국, (통독원, 2011)』, 184

유월절의 특성

2) 이스라엘 포로들의 귀환
바벨론은 점령한 국가의 엘리트에게 식민교육을 통해 국가의 사상을 통일하고 싶어 했지만 반대로 페르시아는 유화정책을 펼쳤습니다. 바벨론 시절 포로로 잡혀갔던 수많은 이스라엘 백성이 총 세 차례에 걸쳐 본국으로 돌아갑니다. 제1차는 스룹바벨, 제2차는 에스라, 제3차는 느헤미야의 주도하에 포로귀환의 역사가 일어난 것입니다.

고레스

고레스는 바벨론 포로에서 예루살렘으로 이스라엘 백성이 귀환하는 중심에 서 있었던 인물로, 주전 559년부터 530년까지 페르시아를 다스렸습니다. 특히 고레스는 강경하고 억압적인 방식의 바벨론 식민 정책에 반하는 유연한 정책을 펼쳤는데, 이스라엘 백성이 본국으로 돌아가 성전을 재건할 수 있는 길을 열어준 것입니다. 즉 바벨론 시절에 잡혀온 포로들에게 페르시아에서 계속 거주하던지, 아니면 본국으로 돌아갈지에 대한 자유로운 선택권을 부여한 것입니다. 이를 에스라서에서는 하나님께서 고레스의 마음을 감동시키셨다고 기록하고 있습니다(스 1:1). 고레스는 동으로는 인도, 서로는 유럽의 마케도니아와 아프리카의 리비아에 이르는 대제국을 건설할 정도로 야심가였지만, 유독 유대민족에게만은 호의적인 정책으로 일관합니다. 제1차 포로귀환 때에는 그들에게 금과 은, 기타물품들을 지원하기도 하였습니다.

캄비세스

캄비세스는 주전 530년부터 520년까지 페르시아를 다스렸습니다. 캄비세스는 아버지인 고레스가 유일하게 정복하지 못했던 애굽을 정복하였습니다. 그 이후 아프리카의 다른 제국들을 정복하려고 시도하였으나 성공하지는 못했습니다. 시리아 지역에서의 반란소식을 듣고 귀국하였으나 결국 자살로 생을 마감합니다.

다리오

고레스 때에 중단되었던 예루살렘 성전의 공사가 16년 만에 재개됩니다. 이때 성전의 건축을 독려한 선지자들은 학개와 스가랴입니다. 또한 강 서편의 총독인 닷드내와 스달보스내의 동료들이 예루살렘성전의 공사를 방해하기 위해 다리오왕에게 조서를 보냈으나, 오히려 하나님께서는 악을 선으로 바꾸어 역사를 진행해 나가십니다(스 5:6). 다리오왕은 고레스왕의 조서를 발견하고 오히려 성전을 재건할 세금과 번제물을 제공하는 조서를 내린 것입니다. 이와 같은 다리오왕의 후원으로 말미암아 성전은 완공되고 하나님 앞에 봉헌의 예배를 드리게 됩니다(스 5:13).

아하수에로
(크세르크세스 1세)

3) 살라미스해전
제3차 페르시아 전쟁 중인 기원전 480년 9월에 살라미스해협에서 아테네 함대를 주력으로 한 그리스 연합해군과 페르시아 해군 사이에 벌어진 해전입니다. 이에 승리한 아테네는 페르시아 전쟁의 승기를 잡게 되고, 고대 그리스를 발전시켜서 구 문명을 확대시킨, 역사상 대단히 중요한 전투입니다.

페르시아의 침략에 맞선 스파르타 용사들의 혈전을 다룬 잭스나이더 감독의 영화 '300'에서는 거대한 코끼리에 올라탄 페르시아의 왕 크세르크세스를 볼 수 있었습니다. 이 크세르크세스 1세가 바로 에스더의 남편 아하수에로왕입니다. 그는 아버지인 다리오가 실패한 그리스 원정을 성공시키려고 철저하게 준비하였으며, 테르모필레에서는 스파르타의 정예용사 300명과 격돌하기도 하였습니다. 하지만 살라미스[3)]에서 그리스 해군에게 크게 패하며 페르시아 전쟁은 종결됩니다.

에스더서는 하나님께서 직접 등장하시지는 않지만, 역사를 운행하시는 그분의 놀라운 구속사역을 잘 보여주는 한편의 대하드라마입니다. 하나님께서는 모르드개와 에스더를 통하여 아하수에로의 마음을 움직이셨고, 유대인을 진멸하기 위한 하만의 계략을 철저히 응징하셨습니다. 이 사건을 기념하기 위해 생겨난 절기가 바로 부림절입니다.

아닥사스다 1세

아닥사스다 1세 때에 일어난 가장 중요한 성경적 사건은 제2차와 제3차 포로귀환이라고 할 수 있습니다.

"이 일 후 바사 왕 아닥사스다가 위에 있을 때에 에스라라 하는 자가 있으니라. 저는 스라야의 아들이요. 아사랴의 손자요. 힐기야의 증손이요."(스 7:1)

제2차 포로귀환 역사의 중심인물은 에스라입니다. 성경은 에스라가 '모세의 율법에 익숙한 학사'(스 7:6)라고 설명합니다. 에스라는 '여호와의 율법을 연구하여 준행하며 율례와 규례를 이스라엘에 가르치기로 결심'(스 7:10)한 사람이었습니다. 결국 아닥사스다왕의 조서를 받아내는 데에 성공하고 백성과 함께 예루살렘으로 돌아와 신앙 회복 운동을 전개하였던 것입니다.

제3차 포로귀환 역사의 중심인물은 정치가인 '느헤미야'입니다. 그는 왕의 곁에 가까이 머물렀던 유능한 관원이었으나 예루살렘 성벽이 훼파되고 동족이 커다란 어려움을 겪고 있다는 소식을 접한 이후 금식하며 기도합니다. 아닥사스다왕 20년 니산월에 느헤미야는 왕의 조서를 가지고 제3차 귀향민들과 함께 예루살렘으로 돌아오고, 수많은 어려움 속에서도 52일 만에 성벽을 완공하는 역사를 이룹니다.

에스라와 느헤미야는 힘을 합쳐 여러 가지 개혁을 단행하였고, 같은 시기에 선지자 말라기는 올바르지 못한 번제물과 온전한 십일조가 드려지지 않음을 한탄하는 하나님의 마음을 대변하였습니다.

페르시아는 이후에도 아리우스, 아닥사스다 2세, 아닥사스다 3세, 아르소, 다리오 3세 등이 왕으로 즉위하였으나, 알렉산더 대왕의 등장과 헬라제국의 성장으로 역사의 뒤안길로 사라지게 됩니다.

페르시아제국의 역대 왕들을 공부하며 반드시 기억해야 하는 사건은 총 세 번에 걸친 포로들의 귀환입니다. 이스라엘은 바벨론을 통해 완전히 멸망한 것처럼 보였지만, 하나님께서는 제국의 교육시스템을 통해 다니엘, 에스라, 느헤미야와 같은 훌륭한 정치, 행정가들을 예비하셨고 에스더를 통해 민족의 멸망을 막으셨으며 하나님의 말씀을 선포하는 학개와 스가랴, 말라기 등의 선지자들을 남겨놓으셨습니다. 우리의 눈에는 하나님이 보이지 않을지라도 그분께서는 역사를 주권적으로 이끌어 가시는 분이라는 사실을 깨달아야 합니다. 현재에도 역사를 주관하시고 우리의 미래를 창조해 나가시는 하나님을 신뢰하며 하나님께 삶을 맡기고 주님의 인도하심 가운데 온전히 거하는 은혜가 있기를 바랍니다.

Section **41**

다리오왕은 누구인가?

- ✓ 다리오는 고레스의 외삼촌이며 장인
- ✓ 바사왕 고레스가 외삼촌 다리오를 메데 섭정왕으로 세움
- ✓ 초기 2년 동안 고레스왕, 다리오왕이 함께 정치함
- ✓ 고레스왕 : 군사적 왕, 다리오왕 : 행정적 왕

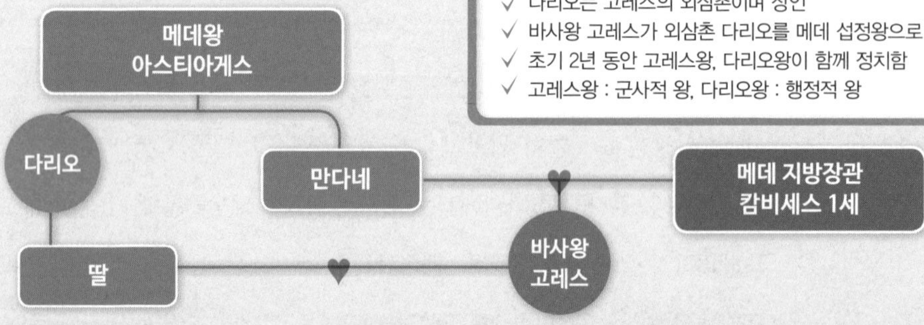

이름	연대	성경
다리오왕 (고레스의 장인 겸 외삼촌)	B.C. 538~536년	**다니엘 6, 9장**
고레스왕	B.C. 538~529년	**다니엘 7, 10장**
다리오왕 (에스더의 시아버지)	B.C. 521~486년	**에스라 5, 6장**

콕 Note

두 명의 다리오!

페르시아에는 두 명의 다리오왕이 등장합니다. 한 명은 고레스의 외삼촌인 다리오이고, 다른 한 명은 에스더의 시아버지인 다리오입니다. 두 명의 다리오에 대해 자세한 지식을 가질 때 다니엘서와 에스라서의 성경을 잘 정리하여 이해할 수 있습니다. 고레스의 외삼촌인 다리오와 에스더의 시아버지인 다리오가 어떤 사람이었고 어떤 일을 했는지 살펴보겠습니다.

다니엘서에 등장하는 다리오왕

다니엘 6장과 9장에 등장하는 다리오는 주전 538년에서 536년까지 약 2년여간 페르시아를 다스렸습니다. 다니엘을 사자굴에 넣은 왕이며(단 6:16), 메데 사람으로 바벨론 마지막 왕인 벨사살의 뒤를 이어 바벨론을 다스렸습니다(단 9:1, 11:1).

이와 같이 고레스의 장인이자 삼촌인 다리오왕은 다니엘 6장과 9장에 등장합니다. 참고로 다니엘서에서만 언급되고 세계사에는 나타나지 않는 이 다리오왕이 구체적으로 누구인가에 대해서는 여러 견해들이 있습니다. 그중 유력한 견해로는 바벨론을 멸망시킨 바사왕 고레스가 바벨론 통치를 위해 파견한 총독으로 ① 고레스의 다른 이름, ② 고레스에게 투항한 바벨론 장군 고브리아스(Gobryas), ③ 고레스가 총독으로 파견한 구바루(Gubaru), ④ 고레스의 장인이며 메대 군주인 키악사레스 2세일 것이라는 견해들이 있습니다.[1]

1) 가스펠 서브, 『라이프 성경사전, (서울 : 생명의말씀사, 2012. 5)』, 183.

에스라서에 등장하는 다리오왕

에스라 5장과 6장에 등장하는 다리오왕은 고레스 2세의 아들 캄비세스 2세의 후계자인 다리오 휘스타스페스(Darius Hystaspes)입니다. 그는 부왕 캄비세스 2세가 애굽 원정 도중 승려 가마우타의 반란으로 인해 철군하던 중 수리아에서 죽자 반란군을 진압하고 왕이 주전 521년부터 486년까지 약 35년간 페르시아를 다스렸습니다. 고레스 2세의 아들 캄비세스 2세의 후계자로 고레스 이후 바사 역사상 가장 크고 강력한 제국을 이룬 왕입니다.

이 다리오왕은 특히 '마라톤 전투[2)]'로 유명하며, 포로에서 귀환한 유다 백성이 이민족의 방패로 성전 재건에 어려움을 겪자 고레스왕의 칙령을 확인하고 성전 재건을 지속할 수 있도록 후원해 준 왕입니다 (스 4:5,24, 6:1; 느 12:22).

그리고 다리오가 왕이 된 지 6년째 되던 해 아달월 3일, 예루살렘 성전은 복원되고(스 6:13), 수소 1백 마리와 숫양 2백 마리, 어린 양 4백 마리, 숫염소 12마리를 제물로 드리며 첫 유월절을 지키게 됩니다 (스 6:19~22).

2)마라톤 전투
B.C. 490년 제2차 페르시아 전쟁 중 그리스 원정군은 낙소스, 델로스 섬 등을 정복한 후 아테네를 공략하기 위해 아테네 북동해안의 마라톤 광야에 상륙하였습니다. 그리스는 1만 명의 중장보병군을 급파하여 마라톤 광야가 내려다 보이는 산기슭에 포진하였고, 페르시아군의 양 날개 부분을 공격하여 크게 승리하였습니다. 그리스의 용사 페이디피데스는 마라톤 전장에서 아테네까지 약 40km를 달려 승전 소식을 알리고 사망하였는데, 이를 기념하기 위해 마라톤 경주가 생긴 것입니다.

두 명의 다리오를 통해 하나님께서 각 사람의 다양성을 어떻게 사용하시는지를 바라보게 됩니다. 이름은 같았지만 다른 시대와 배경을 지닌 두 다리오는 모두 하나님의 구속사역의 중요한 통로로 사용되었습니다. 하나님께서는 각자 다른 재능을 가지고 있는 우리를 그분의 구속사역을 위해 사용하시기 원하십니다. 당신이 어떤 재능을 가지고 있든지 상관없습니다. 하나님께서는 구속 사역에 헌신된 우리의 삶을 주님의 뜻대로 사용하실 것입니다. 그렇게 주님의 뜻대로 사용되는 삶을 통해 하나님의 풍성한 은혜가 있기를 바랍니다.

PART 4

기다림의 시간

(은총의 시간)

THE BOOK OF ESTHER

구약 성경이 끝나고 예수님께서 오시기까지의 시간을 어두움이라고 한다면 예수님이 오시는 시기는 태양이 떠오르는 시기, 즉 새벽이 밝아오는 시기가 될 것입니다.

이번 장에서 다루게 될 약 400년의 세월은 하나님께서 침묵하시며 더 이상 선지자를 보내시지 않으시는 '어두움의 시기', 즉 '암흑기'라고 볼 수 있습니다. 하지만 믿음을 가지고 있는 우리는 이 시간을 예수님의 오심을 기다리는 '은총의 시간, 은총의 기다림'이라고 표현할 수 있습니다. 왜냐하면 마치 어두움의 시간이 지나고 난 후에 자연스레 새벽이 찾아오듯이 우리를 구원하시기 위해 이 땅에 찾아오신 메시아(예수님)의 오심이 준비되는 시기이기 때문입니다.

이 시기에 있었던 일들 가운데 우리가 살펴볼 것은 왕조와 가문, 그리고 유다 백성을 둘러싸고 있는 종교적, 정치적 당파들과 그 특징들에 대한 내용입니다. 이러한 내용들을 그림을 통해 볼 때 우리가 놓치지 말아야 할 것은 예수 그리스도를 통한 구속사, 즉 구원의 주로 이 땅에 오실 메시아의 탄생과 관련된 흐름 안에 중간사 400년이라는 세월이 존재한다는 것입니다.

빛은 어두울수록 더욱 밝은 존재감을 나타냅니다. 이와 마찬가지로 하나님의 말씀을 전하는 선지자가 없었던 가장 어두웠던 시기에 예수님은 이 땅에 가장 밝은 빛으로 내려오신 메시아입니다. 이것을 아는 우리이기 때문에 '은총의 기다림'이 더욱 값지다는 것을 기억하며 나아갑시다.

Section **42**

프톨레미 왕조와 셀루코스 왕조

프톨레미 왕조	주요 사건
프톨레미 1세 소테르 (B.C. 323~286년)	• 프톨레미 왕조를 창건함 • 알렉산드리아에 도서관을 세움 • 알렉산드리아에 많은 유대인들을 정착시킴
프톨레미 2세 필라델포스 (B.C. 285~246년)	• 셀루코스 왕조와의 제1차, 제2차 전쟁 • 알렉산드리아에서 70인역의 번역이 시작됨
프톨레미 3세 에우에르게테스 (B.C. 246~221년)	• 셀루코스 왕조와의 제3차 전쟁
프톨레미 4세 필로파토르 (B.C. 221~203년)	• 라피아에서 안티오코스 3세를 물리침
프톨레미 5세 에피파네스 (B.C. 203~181년)	• B.C. 200년에 팔레스타인을 셀루코스 왕조에 잃음
프톨레미 6세 필로메토르 (B.C. 181~146년)	

셀루코스 왕조	주요 사건
셀루코스 1세 (B.C. 312~280년)	• 셀루코스 왕조를 창건함 • B.C. 300년에 안디옥을 건설함
안티오코스 1세 (B.C. 280~261년)	
안티오코스 2세 (B.C. 261~223년)	
셀루코스 2세 (B.C. 246~223년)	
안티오코스 3세 (B.C. 223~187년)	• B.C. 200년에 팔레스타인을 셀루코스 왕조의 영토로 확보함 • B.C. 190년에 소아시아의 마그네시아에서 로마군에 패배함
셀루코스 4세 (B.C. 187~175년)	• 헬리오도로스가 예루살렘 성전을 약탈하려 함
안티오코스 4세 (B.C. 175~163년)	• 예루살렘의 대제사장직을 부패시킴 • 이집트를 침략했으나 로마의 개입으로 철수함 • 마카비가의 봉기를 유발시킨 정책을 시행함 • 예루살렘 성전을 모독함

콕 Note

고래 싸움에 새우등이 터져요

구약과 신약의 중간시대의 이스라엘 역사는 두 왕조의 틈바구니 속에 맞물려 돌아가는 상황이었습니다. 이때 두 왕조는 바로 프톨레미 왕조와 셀루코스 왕조인데, 이 두 왕조는 알렉산더 대왕이 죽은 후, 여러 나라로 나누어지는데 그중에 있었던 왕조들이었습니다. 이제 중간사에서 역사와 운명을 같이 하였던 두 왕조의 왕들과 함께 일어났던 주요 사건들은 무엇인지 함께 살펴보겠습니다.

알렉산더의 등장과 대제국의 형성

프톨레미와 셀루코스 왕조의 기원은 마케노니아라는 국가까지 거슬러 올라갑니다. 그리스 북부에 위치한 마케도니아는 험준한 산맥과 지형으로 하나의 통일된 왕국을 이루지 못하고 있었습니다. 그런데 알렉산더의 아버지인 필리포스 2세(Phillippos Ⅱ)는 마케도니아를 통일했을 뿐 아니라 그리스까지 지배합니다(주전 338년). 그의 아들인 알렉산더는 아버지의 뒤를 이어 만 20세의 나이에 왕이 되었고 아버지 이상의 군사적 능력을 보여주며 정복전쟁을 시작합니다. 얼마나 전쟁에 뛰어났던지, 주전 330년에는 예루살렘을 정복하고 323년 33세의 나이로 세상을 떠나기까지 마케도니아로부터 인도북서부에 이르는 광활한 땅을 자신의 영토로 만듭니다.

그러나 후계자를 남기지 못한 알렉산더의 갑작스러운 죽음으로 인해 그의 방대한 영토는 네 개로 나뉘어 부하들에 의해 통치됩니다. 이 네 개의 왕조 중 특히 이스라엘과 깊은 연관성을 갖는 왕조가 프톨레미 왕조와 셀루코스 왕조입니다.

프톨레미와 셀루코스 왕조

프톨레미 왕조와 셀루코스 왕조는 팔레스타인을 사이에 두고 계속되는 전쟁을 치렀고, 처음에는 이스라엘이 프톨레미 왕조의 통치 속에 있었다가 후에 셀루코스 왕조의 통치 속에 지배를 당합니다. 셀루코스 왕조의 안티오코스 3세가 팔레스타인을 지배할 때, 프톨레미 왕조는 유대교에 대해 온화한 정책을 사용하였고, 반대로 셀루코스 왕조는 유대교를 핍박하였습니다. 그리고 유대인들에게 헬라의 신을 섬길 것을 강요하였습니다. 또한 셀루코스 왕조의 안티오코스 4세는 자신을 신격화하여 숭배하도록 하였을 뿐 아니라, 토라에 기록된 제사와 율법, 할례 등의 율법을 철폐하도록 강요하였기 때문에 유대인의 분노는 극에 다다릅니다.

뿐만 아니라 셀루코스 왕조의 유대인 핍박 정책은 더욱 심해져 예루살렘 성전에 제우스를 위한 제단을 세우고 돼지를 제물로 올리기도 했으며 제사장직을 매매하는 사건까지 벌어집니다. 이러한 정책은 제사장 맛다디아와 그의 다섯 아들에 의한 반란을 촉발시키게 되는 원인을 제공합니다.

중간사 시대는 하나님의 예언의 말씀을 들을 수 없는 어두운 시대였습니다. 그래서 백성은 매우 혼란스러웠지만 하나님은 이때에도 구속사를 이끌어 나가시며 메시아를 예비하고 계셨습니다. 모든 것이 끝난 것 같은 어두운 상황 속에서 하나님의 역사는 미래를 준비하고 계셨던 것입니다. 그러므로 비록 어두움 속에 내가 있을지라도 하나님께서 준비하신 밝은 미래가 있음을 믿고 인내로 승리하는 은혜가 있기를 간절히 바랍니다.

Section 43

맛다디아 가문과 마카비 봉기

명칭	통치 연대	주요 사건
맛다디아	B.C. 167~166년	• 모데인의 연로한 제사장으로 B.C. 166년에 죽음 • 우상에게 제사하라는 안티오코스 4세의 명령에 도전함
유다 마카비	B.C. 166~160년	• 맛다디아의 셋째 아들 • B.C. 166~160년에 반란을 지휘함. 벧호론, 사마리아, 엠마오, 벧술 등지에서 셀레우코스 군대에 승리를 거둠 • B.C. 164년에 예루살렘 성전을 되찾아 깨끗이 함 • B.C. 162년에 유대인의 종교적 자유를 획득함. 엘라사에서 전사함
요나단	B.C. 160~142년	• 맛다디아의 막내아들 • 유대 사막에서 게릴라전을 지휘함 • 예루살렘 성전의 대제사장으로 취임하여 정치와 종교권을 갖게 됨 • B.C. 142년 셀레우코스군의 트리포 장군에게 포로로 잡혀 처형됨
시몬	B.C. 142~134년	• 맛다디아의 둘째 아들 • 셀레우코스 왕조로부터 정치적 양보를 얻어내 B.C. 142년에 유대인의 독립 국가를 세움 • B.C. 135년에 쿠데타로 죽음

콕 Note

정결이 아니면 죽음을 달라

역시발전 과정에서 '프랑스 대혁명'이 주목을 받았던 것처럼 이스라엘의 독립운동 역시 신구약 '중간사'에서 중요한 위치를 차지합니다. 여기에 나오는 주요인물인 맛다디아, 유다 마카비, 요나단, 시몬과 관계된 주요 사건들을 하나로 모아 정리하면 이스라엘 역사의 흐름과 예수님 오기 전의 상황을 바르게 파악할 수 있습니다. 지금부터 점점 어둠이 깊어지는 그 밤의 현장을 살펴보고자 합니다.

마카비 전쟁의 원인은 주전 167년, 돼지고기를 유대인들에게 강제로 먹이고 제사 문제 등 신앙의 탄압을 했던 셀루코스 왕조에 대하여 신앙의 정결을 지키기 위해 '모데인'이라는 산골마을에서 일어납니다.

마카비 전쟁의 발발

❶ 맛다디아

모데인에는 경건한 제사장인 맛다디아[1]라는 사람이 살고 있었습니다. 그는 성전에 제우스의 신상을 세우고, 유대교의 율법을 모욕하며 돼지고기를 강요하는 안티오코스 4세의 명령에 도전하였습니다. 그는 셀루코스의 군대와 맞서 싸우기 위해 열심 있는 유대인들을 모아 전쟁을 벌입니다. 헬라 정규군을 상대로 이들의 전쟁은 매우 성공

1) 맛다디아
주전 167년경 마카비 혁명을 일으킨 장본인으로서 유대인들을 규합한 모데인의 경건한 제사장입니다.

적으로 이루어지고, 특히 그의 다섯 아들(요하난, 시몬, 유다, 엘아자르[2], 요나단)은 매우 헌신적이고 뛰어난 역량을 보여줍니다. 그러나 그는 주전 166년경에 사망합니다.

2) 엘아자르
'하우아란'이라고도 불리던 맛다디아의 아들 중 한 명입니다. 당시 그가 코끼리를 창으로 찔러 죽이며 보여준 놀라운 용기는 마카비 혁명군을 크게 고무시켰습니다.

❷ 유다 마카비

맛다디아의 아들 중 가장 주목해야 할 사람은 유다 마카비입니다. 마카비는 아람어로 '망치' 혹은 '해머'라는 뜻인데, 그가 전쟁에서 보여준 활약상은 그의 별명처럼 매우 뛰어났습니다.

어찌나 활약이 눈부셨던지, 전쟁의 이름 자체가 '마카비 전쟁'이 되어버렸습니다. 마카비는 예루살렘 성전을 되찾았고 성전을 깨끗이 하였으나 주전 162년 엘라사[3]에서 전사하였습니다. 그리고 마카비가 예루살렘 성전을 깨끗이 한 사건을 통하여 '수전절'이라는 절기가 생겨나게 됩니다.

3) 엘라사
유다 마카비가 성전을 탈환한 것을 기념하기 위해 만든 유대인의 절기입니다. 유대인들의 용어로는 '하누카'라고 하며, 빛의 축제라는 뜻입니다. 현재력으로는 12월 초에 해당합니다.

❸ 요나단

유다 마카비 사후 그의 동생인 요나단이 마카비 혁명을 지휘합니다. 요나단의 뛰어난 업적으로 꼽을 수 있는 사건은 이스라엘 북동쪽 지역과 요단강 동쪽 지역을 셀루코스 왕조에서 빼앗았다는 사실입니다. 또한 요나단은 대제사장으로 취임하여 종교적인 권한과 정치적인 권한을 동시에 행사하였습니다. 하지만 주전 142년 셀루코스의 트리폰 장군에게 사로잡힌 이후 프톨레마이스에서 처형당함으로 생애를 마감합니다.

❹ 시몬

시몬은 맛다디아의 둘째 아들로, 요나단 사후 마카비 혁명군을 이끌었습니다. 당시에 그는 맛다디아의 마지막 남은 아들이었습니다. 시몬은 셀루코스에 대항하여 모든 전투원을 소집하였고 예루살렘 성을 수축하였으며 성 둘레의 방비를 튼튼히 하였습니다. 셀루코스의 트리폰 장군은 이스라엘을 진멸하려고 출격하였지만 시몬과 그의 군대가 트리폰이 가는 곳이면 어디든지 따라다니며 침공을 막아냈습니다. 그는 셀루코스로부터 유다의 완전한 독립을 이끌어 낸 이스라엘의 민족적 지도자요, 대제사장이기도 했습니다. 그가 대제사장이 되었을 때에는 이미 고령의 노인이었지만 그럼에도 불구하고 백성의 신망을 받는 훌륭한 지도자였고, 그가 죽은 이후에는 아들인 요한이 왕이 되어 정치를 이어나갔습니다. 마카비 혁명을 통해 성립된 국가가 바로 하스모니안 왕조입니다.

'내가 거룩하니 너희도 몸을 구별하여 거룩하게 하고'(레 11:44). 마카비 혁명을 통하여 하나님에 대한 거룩과 순결함을 유지하려 했던 유대인들을 살펴보았습니다. 신앙인들에게 영적, 육적인 순결함과 거룩함은 매우 중요합니다. 이러한 사실을 기억하면서 주님의 거룩한 삶을 따라가고 변화되어 거룩한 하나님의 놀라운 임재를 삶 속에서 체험하기를 바랍니다.

Section **44**

중간사의 종교적 당파들

	존재 시기	이름 의미	구성	특징
바리새파	• 요나단시대(마카비(B.C. 160~143년)에 발생) • 요한 히카르누스 시대(B.C. 134~104년)에는 세력이 약화됨 • 살로메 알렉산드라 시대(B.C. 76년)에 부활함	'성별된 사람들' • 일반 백성으로부터 성별 • 율법 연구를 위해 성별 • 이방 풍습으로부터 성별	• 유대교의 최대 종파 • 중산층에 속하며 주로 상인이나 무역상이 많음	• 구약성경 전체(모세오경, 선지서, 성문서)의 권위를 인정 • 율법 연구야말로 참된 예배라고 믿음 • 성문 율법과 구전 율법을 모두 받아들임 • 안식일, 십일조, 정결례를 바르게 지키는 문제에 큰 관심을 보임 • 회당(시나고그)을 세우고 운영함 • 미쉬나(장로의 유전)를 발전시킴
사두개파	• B.C. 200년경에 발생한 듯함 • A.D. 70년에 성전의 파괴와 더불어 사라짐	• 의로운 사람들 • 사독을 지지하는 사람들 • 지방 행정 장관, 재판관, 재정 관리자	• 귀족정-대제사장 계열의 부유한 후손 • 하스몬 왕조 시대 제사장들의 후손일 가능성 • 경제적 지위가 생각만큼 높지 않았을 가능성	• 모세오경의 권위만을 인정함 • 율법을 문자적으로 해석함 • 구전 율법(미쉬나)을 구속력 있는 규범으로 받아들이지 않음 • 하나님의 섭리를 부정함 • 사후 세계와 몸의 부활을 부정함 • 천사와 귀신의 존재를 부정함 • 물질주의적 경향
에세네파	• 마카비 시대에 형성되었을 가능성이 높음 • 소멸 시기는 불분명하나 A.D. 68~70년에 예루살렘의 함락과 함께 소멸되었을 가능성이 높음	• 이름의 기원은 알려져 있지 않음	• 유대 지방의 방방곡곡에 산재함(쿰란 공동체도 포함되었을 가능성이 높음) • 팔레스타인계 시리아에 4천 명가량이 있었음	• 매우 엄격한 금욕주의(수도생활) • 성전 예배와 성전 제사를 부패한 것으로 간주하여 거부함 • 육체적 부활이 없는 영혼불멸을 믿음 • 종말론적인 경향을 보임

콕 Note

신앙의 갈등은 분파의 파도를 타고

하스모니안 왕조의 탄생은 마카비 전쟁의 결과로 일어난 값진 승리였습니다. 종교적 열심을 가진 사람들이 모여 일구어낸 혁명이다 보니 하스모니안 왕조의 설립은 자연스럽게 유대교의 부흥으로 이어졌습니다. 하지만 유대교에 소속된 모든 사람들이 모두 같은 생각을 하는 것은 아니었습니다. 수많은 종교적 신학적 분파가 생성되었는데 이 장에서는 가장 대표적인 종파였던 바리새파, 사두개파, 에세네파에 대해서 살펴보겠습니다.

사두개파

사두개파는 종교적 귀족들이라고 할 수 있습니다. 그들은 주전 200년경부터 존재한 것으로 보이며, 주후 70년 티투스 장군에 의해 예루살렘을 점령당하고 성전이 파괴되면서 사라졌습니다. 그들은 성전 중심의 신학을 강조한 사람들이었습니다. 사두개인들은 모세오경의 권위만을 인정하였기에 다른 성경은 구속력 있는 하나님의 말씀으로 받아들이지 않았고, 율법을 문자적으로 해석하였습니다. 또한 사후세계와 몸의 부활을 부정하는 물질주의적 경향을 가지고 있었기에, 당연히 천사와 귀신의 존재 또한 인정하지 않았습니다. 사두개인은 귀족과 대제사장의 후손들이었고, 특히 지방 행정장관, 재판관, 재정 관리 등의 고위직을 가지고 있었으니 혈통으로나 직업으로나 종교적 귀족들이었다고 할 수 있습니다.[1)]

1) 가스펠 서브, 『라이프 성경사전, (서울 : 생명의말씀사, 2012. 5)』, 1159.

바리새파

바리새파는 주전 160~143년경에 발생하였습니다. 바리새란 '성별된 사람들'이라는 의미로서 그들에게 성별이란 율법을 연구하고 일반 백성과 이방풍습으로부터 구별되는 것을 의미했습니다. 유대교의 최대 종파로서 경제적으로는 중산층에 속하며, 주로 상인이나 무역상이 많았습니다.

그들은 사두개인들과는 다르게 구약성경 전체의 권위를 인정했고 따라서 율법 연구야말로 참된 예배라고 믿었습니다. 또한 그들은 성별을 강조했기에 안식일, 십일조, 정결례 등을 바르게 지키는 문제에 큰 관심을 보였습니다. 그들은 율법을 가르치기 위한 회당을 세우고 운영하였으며 미쉬나[2]를 발전시키기도 하였습니다.[3]

2) 미쉬나
구전된 유대인들의 율법을 문서화한 것을 일컫는 용어입니다. 이 책에는 편집될 당시까지 팔레스타인의 학교에서 가르친 유대인들의 종교, 율법의 모든 전통과 체계가 담겨 있어 탈무드의 핵심적인 기초가 되었습니다.

3) 가스펠 서브, 『라이프 성경사전, (서울 : 생명의말씀사, 2012. 5)』, 1159

에세네파

에세네파의 명칭에 대한 기원은 알려져 있지 않지만 마카비시대에 형성되었을 가능성이 높습니다. 소멸시기 또한 불분명하지만 사두개파와 더불어 예루살렘의 함락, 성전의 소멸과 함께 사라졌을 것입니다. 에세네파는 매우 엄격한 수도생활을 통해 금욕주의를 지향했으며 성전예배와 성전제사를 부패한 것으로 간주하기도 하였습니다. 또한 육체적 부활이 아닌, 영혼의 불멸을 믿기도 하는 등 여러 가지 종말론적인 경향을 보였습니다.[4]

4) 가스펠 서브, 『라이프 성경사전, (서울 : 생명의말씀사, 2012. 5)』, 1159.

바리새파와 사두개파는 나름의 신학과 하나님에 대한 열정을 가지고 예수님의 공생애 기간에 가장 예수님을 핍박한 사람들이 되었습니다. 성경을 공부하고 신앙생활을 하면서 이런 잘못된 모습을 보인다면, 주님께서는 우리의 지식이 늘어가는 것을 결코 기뻐하지 않으실 것입니다. 우리의 배운 안에 예수님이 계신지를 날마다 돌아보며 우리의 삶의 이유와 목적을 다시금 깊이 새기고 하나님 앞에서 바른 신앙의 삶으로 인정받는 은혜가 있기를 간절히 바랍니다.

Section 45

중간사의 정치적 당파들

	존재 시기	이름 의미	구성	특징
열심당	• 출현 시기 1) 헤롯 대왕 시대 (B.C. 37년) 2) 로마에 대한 반란 (A.D. 6년) 3) 하시딤 또는 마카비가의 등장(B.C. 168년경) • 예루살렘 멸망에 사라짐 (A.D. 70~73년)	• 로마에 대항하여 갈릴리 출신의 유다가 이끈 A.D. 6년의 유대인 봉기에 관하여 요세푸스가 사용한 용어로 이들의 종교적 열심을 지칭함	• 급진파 바리새인으로 구성됨	• 하나님만이 유대인을 다스릴 권리가 있다는 강한 믿음 외에는 대체로 바리새인과 비슷함 • 애국주의와 종교를 융합시킴 • 로마 및 자신들과 정치적 견해가 다른 이들을 대상으로 테러를 저지름 • 순교를 각오할 만큼 유대교 신앙과 율법에 대한 헌신을 열렬히 신봉함
헤롯당	• B.C. 37년 헤롯 대왕과 더불어 시작됨 • 소멸 시기는 불분명함	• 헤롯 왕가의 통치자들에 대한 지지에서 유래됨	• 헤롯 안디바를 팔레스타인의 통치자로 지지하는 부유하고 정치적으로 영향력 있는 유대인들	• 신앙적 집단이 아닌 정치적 집단 • 헤롯과 헤롯 왕조를 지지함 • 헬라화를 받아들임 • 외세의 지배를 받아들임

콕 Note

우리가 나라를 책임지려 하오

개별 정당에는 여러 당들이 있을 수 있지만, 정당은 크게 여당과 야당으로 구분됩니다. 즉 기득권을 가진 당을 여당이라 하고 그 반대당을 야당이라 합니다. 마찬가지로 중간사 시대에도 로마에 대한 관계를 두고 두 당파가 서로 대립관계를 이루고 있습니다. 로마에 대해 우호적인 관계를 가지려고 노력하며 도와주었던 헤롯당과 반대로 로마에 대항하며 종교적인 열심히 가득했던 열심당이 가지고 있는 팽팽한 정치적 대립구도, 특징 등을 살펴보겠습니다.

열심당

열심당이란 주후 6년에 로마에 대항히여 갈릴리 출신의 유다가 이끈 봉기에 관하여 요세푸스[1]가 사용한 용어로 이들의 종교적 열심을 지칭한다고 할 수 있습니다. 기본 의미는 '열정적인', '열심 있는'이며, '헌신한 신자', '큰 뜻을 품은 자', '지원자'를 뜻하는 말입니다. 성경에서는 '셀롯(눅 6:15)', 혹은 '셀롯인(행 1:13)'으로 표현했으며 이들을 가리켜 '율법을 충실히 지키고 하나님께 열정적으로 헌신하는 자(행 21:20)'라고 부르기도 하였습니다. 그러나 그들은 B.C. 63년부터 로마의 팔레스타인 지배가 시작되자 처음 지녔던 의미가 다소 변질되어 하나님만이 유대인을 다스릴 권리가 있다는 강한 믿음을 가지고 있었고 애국주의와 종교를 융합시켰습니다(행 5:37). 또한 그들은 로마 및 자신들과 정치적 견해가 다른 이들을 대상으로 테러를 감행할

1) 요세푸스
유대의 역사가이며 66년부터 73년까지 유대 민족주의자들이 로마에 대해 일으킨 반란에 가담하여 갈릴리 지휘관으로 싸웠습니다. 반란이 실패하자 투항하여 로마에 살며 책 쓰는 일에 몰두하였습니다. 《유대전쟁사》, 《유대고대사》 등에서 유대 역사와 유대교의 우월성에 대해 기술하였습니다.

만큼 유대교 신앙과 율법에 대한 열렬한 헌신을 가지고 있었던 사람들입니다. 주로 급진파 바리새인으로 구성되어 있었으며 그들은 무력과 전쟁을 통해 하나님의 뜻을 이루려고 했습니다. 그들은 자신들의 정신적인 조상으로 비느하스와 엘리야를 두고 있는데, 그 이유는 여호와께 대한 열성으로 우상 숭배자들을 몰살시켰던 아론의 손자 비느하스(민 25:7~13; 시 106:28~31)와 만군의 여호와를 위해 열심히 특심했던 엘리야(왕상 19:10)의 투쟁정신을 본받기 위함이었습니다.[2]

2) 가스펠 서브, 『라이프 성경사전, (서울 : 생명의말씀사, 2012. 5)』, 1159.

헤롯당

헤롯당은 헤롯 왕조와 로마법을 지지하는 유대인들(마 22:16)을 가리키는 말입니다. 주전 37년경 헤롯 대왕이 유다를 다스리면서 시작되었으나 그들이 해체된 시기는 불분명합니다. 이들은 열심당과는 달리 신앙적 집단이 아닌 정치적 집단이었고, 헤롯과 헤롯 왕조를 지지하는 부유하고 정치적 영향력이 큰 유대인들로 이루어져 있었습니다. 따라서 헤롯 안티파스를 팔레스타인의 통치자로 지지했을 뿐 아니라, 헬라화와 외세의 지배를 받아들인 친헬라적 성향을 가진 사람들이었습니다. 또한 이들은 율법에 충실하며 전통을 고수하던 바리새인들과는 정반대의 모습이었지만, 예수님을 반대하기 위해 바리새인들과 함께하기도 했습니다(마 22:16; 막 3:6, 12:13).

열심당은 하나님에 대한 열정은 있었으나 그 방법이 잘못되었고 헤롯당은 하나님보다는 세속적인 지위나 권력 그리고 재산에만 관심이 있었다는 사실을 발견합니다. 이러한 혼탁한 시대상은 지금과 별반 다를 것이 없습니다. 물질만능주의와 포스트모더니즘 사회를 살아가고 있는 우리는 하나님 말씀 앞에서 겸비한 자세와 태도로 더욱 깨어 있어야 할 것입니다. 열심당이나 헤롯당이 지금의 내 모습은 아닌지 스스로를 돌아보며 겸손히 하나님의 뜻을 따라가기를 바랍니다.

Section 46

로마 초기 황제와 이스라엘의 관계

로마 황제	재위 기간	신약 시대의 주요 사건
카이사르 아우구스투스(옥타비아누스)	B.C. 27～A.D. 14년	• 예수님의 탄생
티베리우스	A.D. 14～37년	• 예수님의 공생애 기간 • **총독(빌라도)** • 분봉왕**(헤롯 빌립, 헤롯 안티파스, 헤롯 아켈레오)**
가이우스(칼리굴라)	A.D. 37～41년	• 헤롯 아그립바 1세가 팔레스타인을 다스림
클라우디우스	A.D. 41～54년	• 아그립바 1세(A.D. 41~44년)가 팔레스타인 전역의 왕이 됨 • 야고보의 순교 • **바울의 제1차 전도여행**(A.D. 46~48년) • 예루살렘 공의회(A.D. 49년) • **바울의 제2차 전도여행**(A.D. 50~52년)
네로	A.D. 54～68년	• **바울의 제3차 전도 여행**(A.D. 53~57년경) • 바울이 로마에서 투옥됨(옥중서신의 배경) • A.D. 64년 로마 대화재 • 로마 내의 그리스도인들에 대한 대대적인 박해 • A.D. 66년 유대인 봉기가 일어남
갈바, 오토, 비텔리우스, 베스파시아누스	A.D. 68~69년	• 네로의 후계자가 불확실하여 유대인 봉기에 대한 로마의 진압이 일시적으로 어려움에 봉착함
베스파시아누스	A.D. 69～79년	• **티투스 장군**이 A.D. 70년 4~8월에 예루살렘성을 포위 공격하여 무너뜨림(맛사다)
티투스	A.D. 79～81년	• A.D. 80년에 로마에 다시 화재가 발생함 • A.D. 81년 티투스의 개선문이 세워짐

콕 Note

로마는 잠깐, 구속사는 영원히!

아침 해가 뜨기 직전 새벽이 가장 춥고 어두운 것처럼, 베시아, 곧 그리스도이신 예수님이 탄생하시기 직전의 로마 통치는 유대인들에게 매우 힘든 시기였습니다. 하지만 로마의 지배가 다 나쁜 것은 아닙니다. 당시 보편적인 헬라어의 보급, 70인역 성경의 등장, 건축과 도로의 발달 등은 예수님의 오심과 더불어 그 이후 펼쳐질 구속사에 중요한 밑거름이 되었습니다. 이러한 구속사의 물줄기와 맥을 같이 하는 로마 초기 황제와 이스라엘의 관계를 당시에 펼쳐졌던 주요 사건들과 함께 묶어서 살펴보고자 합니다.

신약의 역사서(복음서, 사도행전)는 로마의 황제와 깊은 연관 속에서 기록되어 있습니다. 당시 이스라엘은 프톨레미와 셀루코스 왕조를 거쳐, 중간기 막바지에 이르러서는 로마의 통치를 받았습니다. 로마는 유일신 사상을 가진 유대인들을 통제하기 위해 많은 특권을 주었지만, 그럼에도 불구하고 이두메인 헤롯이 유대를 통치하게 승인하는 등의 매우 혼란한 사회상을 가지고 있었습니다. 종교적으로도 율법에 대한 형식주의로 인해 신앙이 그 생명력을 잃어가고 있었고, 이는 예수님에게 비판의 대상이 되기도 했습니다. 로마가 신약 역사에 등장하는 인물들과 어떤 관계가 있었는지를 살펴보도록 하겠습니다.

아우구스투스

(옥타비아누스)

1) 분봉왕
왕이나 황제의 허락 하에서 한 나라의 일정 지역을 다스리던 군주를 말합니다. 신약 당시 헤롯 대왕의 아들인 아켈라오는 왕으로, 안디바와 빌립은 분봉왕이란 직위로 로마 황제의 임명을 받아 유대를 다스리고 있었습니다(마 2:22; 눅 3:1).

2) 삼두정치
세 사람이 정치하는 것을 뜻합니다. 독재를 막기 위한 수단으로 제1차 삼두정치는 카이사르, 폼페이우스, 크라수스였으며, 제2차 삼두정치는 마르쿠스 안토니우스, 옥타비아누스, 레피두스 사이에 공식적 협약으로 맺어졌습니다.- 두산백과

아우구스투스는 주전 27년부터 주후 14년까지 로마를 통치한 초대 황제로서 마리아가 예수님을 잉태하였을 때, 유대인들에게 호적 이동을 명령한 황제이기도 합니다. 하나님께서는 그의 통치를 통해 예수께서 베들레헴에 탄생하도록 섭리하셨고, 이는 구약의 예언이 이루어진 것이었습니다.

당시에는 이두메인인 헤롯 대왕이 로마의 신임을 얻어 분봉왕[1]으로서 통치하고 있었고, 이 헤롯은 당시 메시아의 탄생을 막기 위해 유아들을 살해한 잔인함으로 악명을 떨치게 됩니다.

아우구스투스 황제의 이름은 옥타비아누스였고, 제2차 삼두정치[2]를 마친 후 왕으로 추대받아 로마를 다스립니다.

티베리우스

로마의 두 번째 황제인 티베리우스는 주후 14년에서 37년까지 제국을 다스렸습니다. 그는 뛰어난 군사적 능력을 가지고 있었지만 로마 시민과 원로원의 인정을 받는 데는 실패하였고, 그의 임기 말엽에는 공포정치를 단행하기도 합니다. 유대에 대하여는 헤롯의 아들들인 헤롯빌립, 헤롯 안티파스, 헤롯 아켈레오를 분봉왕으로 세워 나라를 다스리게 하였습니다. 또한 그의 재임기간에서도 알 수 있듯이 예수님의 공생에는 이 티베리우스 황제의 통치기간에 이루어졌다는 사실을 알 수 있습니다.

가이우스

가이우스는 티베리우스 황제 사후 5년간 제국을 통치했습니다(주후 37년에서 41년까지). 그는 헤롯 아그립바 1세에게 팔레스타인 통치를 명령하기도 했지만 살해당함으로 그의 짧은 통치를 마감하게 됩니다.

클라우디우스

클라우디우스는 티베리우스의 조카로 가이우스가 죽은 후 황제가 되었습니다. 그는 주후 41년부터 54년까지 로마를 다스렸으며 헤롯 아그립바 1세에게 팔레스타인 전역의 왕이 될 권한을 부여하기도 했습니다.

이 시기는 사도행전의 배경이 되며, 당시 초대교회는 박해 속에서도 성령과 동행하며 복음을 전파하고 있었습니다. 헤롯 아그립바 1세는 세베데의 아들이자 요한의 형인 사도 야고보를 죽였으며 베드로까지 감옥에 가두기도 합니다. 다메섹으로 가던 중 회심한 바울의 제1차 전도여행과 제2차 전도여행이 이 시기에 해당하고, 예루살렘 공의회(주후 49년)가 이 시기에 개최되기도 하였습니다.

네로

네로는 주후 54년에서 68년까지 로마를 통치한 폭군이자, 당시 기독교인들이 가장 두려워하는 왕들 중 하나였습니다. 주후 64년에 로마에 대화재가 발생하자 네로는 화재를 기독교인들의 탓으로 돌리고 대대적인 숙청과 박해의 역사가 일어납니다.

또한 주후 66년경 유대인의 봉기가 일어나자 베스파시아누스와 티투스를 보내 이를 제압하게 하기도 하였습니다.

베스파시아누스

베스파시아누스는 네로 사후에 황제가 되었고 통치기간은 주후 69년에서 79년까지입니다. 그는 콜로세움 등 각종 건축물과 로마를 재정비하는 일에 앞장섰고 그의 아들 티투스를 통해 유대인의 봉기와 반란을 진압하였습니다.

특히 주후 70년경에는 예루살렘을 포위하여 함락하였고, 최후까지 항거하는 유대인 전사들은 73년 마사다 전투[3]에서 항전 중 자결함으로써 그 최후를 다하였습니다.

3) 마사다 전투
마사다는 이스라엘 남쪽, 유대사막 동쪽에 우뚝 솟은 거대한 바위 절벽에 자리 잡은 왕궁이자 요새를 말합니다. 주후 73년, 끝까지 로마군에 항거하던 유대인 저항군이 패배가 임박하자 전원 자살한 것으로 유명한 현재 유네스코 세계문화유산 중의 하나입니다.

티투스

티투스(A.D. 79~81년)의 통치 시기에는 국가적 재난이 많이 일어났습니다. 그 유명한 폼페이가 화산폭발로 인해 역사의 뒤안길로 사라졌고, 주후 80년에는 로마에 대화재가 발생하였습니다. 전염병인 페스트도 유행했기에, 티투스는 이러한 국가적 재난에 맞서 새로운 정책을 추진하고 로마를 재정비하려고 하였으나 즉위 3년 만에 사망합니다.

예수님의 공생애 이전의 가장 어두웠던 시기에 일어났던 일들은 겉으로 보기엔 그저 어둡고 답답하게만 느껴집니다. 그리고 로마의 황제들이 자신의 뜻에 따라 정치를 한 것처럼 보이지만 그런 정치를 통해 일어난 보편적인 헬라어의 보급, 70인역 성경의 등장, 건축과 도로의 발달 등은 모두 하나님의 뜻이었음을 알 수 있습니다. 이처럼 역사의 주권자는 하나님이심을 기억하며 우리의 상황과 현실이 어둡고 답답하게만 느껴질 때에도 주권자 되시는 하나님의 능력과 섭리가 있음을 믿고 주님과 동행하며 승리하기를 간절히 바랍니다.

PART 5

보여요,
성경이!

'성경을 본다'라는 말은 무슨 의미일까요? 단순히 성경을 읽어 내려가는 것만을 두고 '성경을 본다'라고 이야기하지는 않습니다. 왜냐하면 성경을 제대로 보기 위해서는 단순히 읽는 차원을 뛰어 넘어야 할 필요가 있기 때문입니다. 이것은 마치 나무를 먼저 보는 것 이전에 숲을 먼저 보아야 하는 것과도 같습니다. 숲을 볼 줄 알아야지만 우리는 나무들 속에서 길을 잃어버리거나 자신의 현재 위치를 파악하지 못하는 어리석음에서 벗어날 수 있습니다. 그렇기 때문에 성경을 공부할 때 먼저 각 성경의 구조가 어떻게 되어 있는가를 살펴보아야 합니다. 구조를 놓치면 핵심을 놓칠 수가 있기 때문에 먼저 숲(구조)을 보고 다음에 나무(내용, 사건 등)를 보아야 합니다.

예를 들어 시편, 잠언, 전도서 등과 같이 구조나 흐름 등을 먼저 보려고 노력하지 않고 술술 읽어 내려나갈 수 있는 것도 분명 있지만, 창세기를 비롯한 몇몇 성경들은 핵심 되는 내용(구조, 흐름)을 먼저 파악하며 읽을 때 이해하기가 더욱 쉽다는 말입니다. 이번 장에서는 창세기 조감도(section 49), 사사기 핵심 사이클(section 50), 사무엘상하 조감도(section 51), 열왕기상하 조감도(section 52~53)를 그림과 함께 보여줍니다. 특별히 열왕기상하는 선지자 중심(section 52), 왕 중심(section 53)으로 볼 수 있도록 따로 구성해 보았습니다.

'높이 나는 새가 멀리 볼 수 있다'라는 말처럼 높은 하늘 위에 계신 하나님께서 우리에게 말씀을 주셨을 때를 상상해 보면서 성경을 높은 곳에서 바라보면 구조가 보이고, 흐름이 보이고, 이해의 폭이 한층 더 넓어질 것입니다.

Section 47

한눈에 보는 창세기

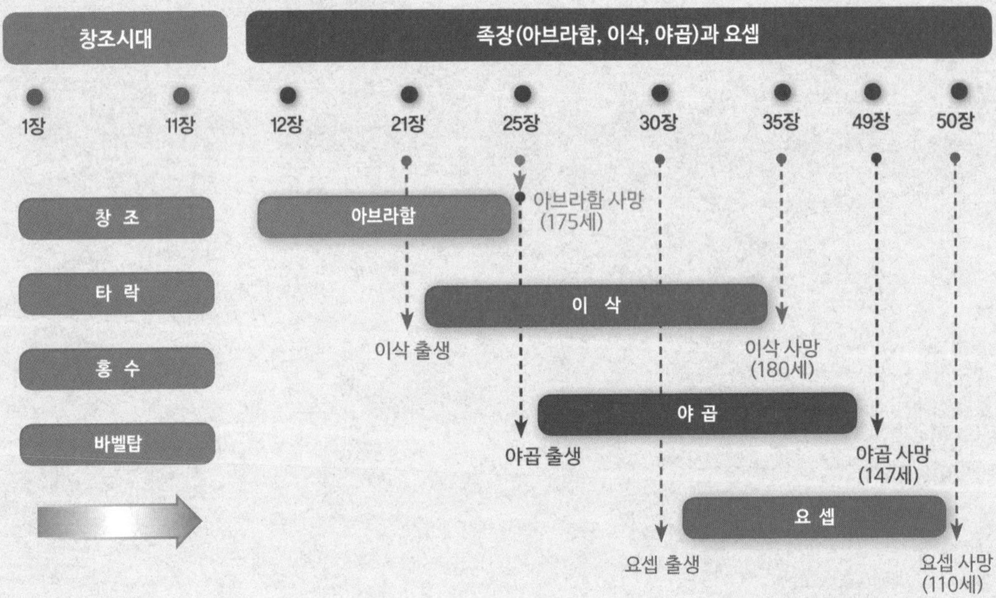

콕 Note

네 가지 사건과 네 사람

창세기는 총 50장으로 구성되어 있는데, 하나님의 천지창조부터 초기 족장시대의 이야기를 알려주고 있습니다. 그중 1장부터 11장까지는 창조시대의 이야기가 있고, 12장부터 50장까지는 족장시대의 이야기입니다. 그런데 창세기를 더욱 잘 이해하려면, 그중 창조시대에 있었던 4가지 사건과 족장시대에 등장한 4명의 주요 인물들을 알아야 합니다. 그래서 성경의 흐름에 따라 이루어지는 4가지 사건과 4명의 사람을 한눈에 살펴보고자 합니다.

4가지 사건 - 창조시대 (1장~11장)

❶ 천지창조

우주는 하나님의 말씀을 통해 창조되었습니다(창 1장). 우리가 여기서 주목해보아야 할 점은 무엇인가를 '만든다'는 관점입니다. 창조의 행위에는 반드시 이유가 있습니다. 어린아이가 모래를 쌓아 만드는 두꺼비집에서부터 목수가 만드는 의자와 탁자, 최신 기술을 사용하는 전자기기까지 새롭게 만든다는 것은 분명한 목적과 계획을 가집니다. 창세기에서 이야기하는 것처럼 정말 하나님이 온 세상을 창조하셨다면 역시 분명한 뜻을 가지시고 창조하셨을 것입니다.

그러한 맥락에서 온 우주는 하나님의 의도가 담겨 있는 예술작품이며 그 절정이 바로 인간입니다. 피조물인 우리 인생도 하나님의 분명한 목적과 계획을 가지고 창조되었다는 것을 알 수 있습니다. 성경은 '하나님께서 흙으로 인간을 빚으시고 코에 생기를 불어넣어 사람이 생령이 되었다'고 기록되어 있습니다(창 2:7). 하나님은 인간을 창조하시고 '심히 좋으셨다'고 말씀하셨습니다(창 1:31).

❷ 타락

법치주의 국가에서 살아가는 우리는, 죄와 타락에 대해 법적, 도덕적 접근법에 익숙해져 있습니다. 우리는 법을 위반한 행위를 죄라고 여기고, 성품의 나빠짐을 도덕적 타락이라고 생각하기도 합니다. 하지만 성경에서 말하는 죄는 피조물인 인생이 하나님의 말씀에 불순종하는 것을 의미합니다.

이 불순종의 결과로 드러난 것이 아담과 하와가 하나님의 명령을 어기고 선악과를 따먹은 사건입니다. 아담과 하와가 하나님의 말씀에 불순종한 사건은 하나님과 인간의 관계를 무너뜨리는 직접적인 원인이 되었습니다.

그리고 그 결과로 남자는 땅을 경작해야 했고, 여자는 출산의 고통을 감내하는 고통이 따라오게 된 것입니다(창 3:16~19).

❸ 홍수

아담과 하와는 에덴동산에서 쫓겨났고, 그들의 후손인 인류는 죄의 영향력 아래 놓이게 됩니다. 하나님과의 관계단절은 인간의 영적, 도덕적, 윤리적, 행위적 타락을 가져왔고 하나님을 떠난 인간의 모든 의도가 항상 악할 뿐임을 보신 하나님께서는 깊이 탄식하셨습니다. 결국 하나님께서는 홍수를 통해 인류를 심판하기로 결정하십니다. 하지만 당대의 의인이요, 하나님의 은혜를 입은 사람이었던 노아는 하나님의 명령대로 방주를 만들고, 그의 가족 8명과 방주에 들어간 동물들은 홍수 심판에서 구원을 받게 됩니다.

❹ 바벨탑

노아의 자손들은 시날평지에 도시를 만들고 하나됨과 연합을 위해 하늘까지 닿는 탑을 쌓기로 결정합니다. 인본주의적으로는 매우 긍정적인 의도인 것처럼 보입니다. 하지만 이것은 하나님 말씀에 대한 불순종과 도전이었습니다.

하나님께서는 이러한 그들의 악함을 아시고 언어를 혼잡케 하심으로 그들을 흩어놓으셨습니다. 이는 인류의 죄성과 타락함을 여실히 보여주는 사례입니다. 그들의 모임에는 하나님이 계시지 않았기 때문입니다. 그들은 스스로가 하나님의 자리를 치지하기를 원했습니다. 하나님께서 그들을 흩으신 이후에야 바벨탑의 건설이 중단됩니다.

4명의 사람 - 족장시대 (12~50장)

이제 하나님께서는 새로운 하나님의 백성을 만드시길 원하셨습니다. 그 백성을 만드는 첫 시작이 갈대아 우르에 살고 있었던 아브라함으로부터 시작되고 4대에 걸쳐서 큰 민족이 되는 과정의 이야기가 전개됩니다. 그러면 이제부터 4명의 족장에 대해 살펴보도록 합시다.

❶ 아브라함(12장~25장)

하나님께서는 하란에 살고 있던 75세 된 아브라함에게 본토와 친척과 아비의 집을 떠나 가나안 땅으로 가라고 명령하십니다. 통신과 교통이 발달되어 있지 않은 고대 중동에서 고향을 떠난다는 것은 가족과의 결별과 단절을 의미했습니다. 하지만 하나님께서는 아들이 없는 아브라함에게 자손을 주시고 큰 나라를 이루게 하신다는 꿈을 주셨기 때문에 아브라함은 모든 것을 포기하고 순종할 수 있었습니다(창 12장).

그 후, 그에게는 여러 가지 인간적인 실수도 많았지만 25년이 지나 100세가 되었을 때 마침내 약속의 아들 이삭을 얻게 됩니다. 그리고 아브라함이 믿음의 조상으로 인정받는 위대한 사건이 등장합니다. 그것은 바로 독자 이삭을 모리아산에서 제물로 바치라는 시험이었습니다(창 22장).

아브라함은 이 시험에 순종함으로 하나님에 대한 믿음을 다시 한 번 확증하고 복의 근원이 되는 축복을 받게 됩니다. 아브라함은 175세에 생을 마감하고 막벨라굴에 장사됩니다(창 25:9).

❷ 이삭(21~35장)

이삭은 아버지인 아브라함이 100세 때 얻은 약속의 아들입니다. 그는 자신을 번제물로 바치려는 아버지의 뜻에 순종했고, 하나님께서는 이삭을 대신할 번제물인 숫양을 준비하심으로 시험을 마무리하십니다. 아브라함은 이삭을 번제물로 바치려던 산을 '여호와 이레'라고 이름하였습니다.

이삭은 하나님의 축복으로 거부가 되었으며 블레셋 사람들의 끊임없는 시기와 다툼에도 불구하고 그의 생명과 같았던 우물을 양보하는 화목의 삶의 모습을 보였습니다. 이삭은 180세에 생을 마감하였습니다(창 35:27~28). 그리고 부친 아브라함과 모친 사라 및 아내 리브가가 묻혀 있는 마므레의 막벨라 굴에 함께 안치됩니다(창 49:30~31).

❸ 야곱(25~49장)

야곱은 싸우고 쟁취하는 세상적 인생의 전형입니다. 그는 할아버지인 아브라함에게 허락된 축복의 계보를 자신이 가지고 싶어 했습니다. 때문에 쌍둥이 형 에서를 두 번이나 속여 장자의 명분과 축복을 모두 빼앗았고, 이 때문에 아버지와 형의 노여움을 얻어 삼촌인 라반의 집으로 피신합니다.

야곱은 삼촌 라반에게 20년 동안 노동력을 착취당합니다. 그는 삼촌의 딸 둘과 결혼하여 13명(딸 디나 포함)의 자녀를 두었고, 고향으로 돌아오는 도중 브니엘에서 천사와의 씨름에서 승리하여 이스라엘이란 이름을 얻게 됩니다(창 32:29). 그는 수많은 인생의 문제로 험난한 삶을 살았으나 노년에 애굽으로 이주하여 147세에 요셉의 품에서 생을 마감합니다.

❹ 요셉(30~50장)

요셉은 아버지인 야곱의 사랑을 독차지하였고, 이를 시기한 형들에 의해 애굽으로 팔려갑니다. 그는 보디발의 아내를 겁탈하려 했다는 누명을 쓰고 감옥에 갇히기도 하는 등 험난한 일들을 겪습니다. 하지만 자신에게 꿈을 주신 하나님을 끝까지 신뢰했고, 하나님께서는 그를 통해 바로의 꿈을 해석하게 합니다. 바로의 꿈은 7마리의 야윈 황소가 7마리의 살찐 황소를 잡아먹고 7개의 야윈 이삭이 토실토실한 7개의 이삭을 삼키는 꿈이었습니다. 이는 7년간의 풍년이 있은 뒤에 또 7년간의 흉년이 있을 것을 뜻하는 것이었습니다. 요셉은 이 꿈을 해석함으로 인해 바로의 신임을 얻어 애굽의 총리로 등장하게 됩니다.

요셉은 온의 제사장 보디베라의 딸 아스낫과 결혼하고(창 41:50) 흉년을 피해 곡식을 얻으러 온 가족들과 만나게 되며 가족들을 애굽으로 이주시켜 고센 땅에 살게 합니다.

그는 이후에 하나님께서 그들의 후손을 가나안으로 인도하실 것을 예언하며 출애굽 때에 자신의 유골을 약속의 땅으로 가지고 가라고 유언합니다(창 50:25). 그의 유언대로 400년 후 이스라엘 백성은 출애굽하게 되고, 그의 유골을 가나안땅에 안장합니다.

창세기는 온 우주를 만드신 하나님과 그의 걸작품인 인간, 그리고 그 인간의 타락을 다룬 한 편의 드라마입니다. 하지만 하나님께서는 인간을 죄의 상태로 버려두지 않으시고 4명의 족장을 통해 예수 그리스도를 우리에게 보내실 것을 예비하십니다.

따라서 창세기를 통해 우리를 구원하기 위해 역사를 이끌어가시는 하나님의 위대한 뜻을 알 수 있습니다. 그 하나님의 뜻에 우리도 순종하며 주님께서 주시는 축복을 받아 누리는 은혜가 있기를 바랍니다.

Section 48

사사기 핵심 사이클

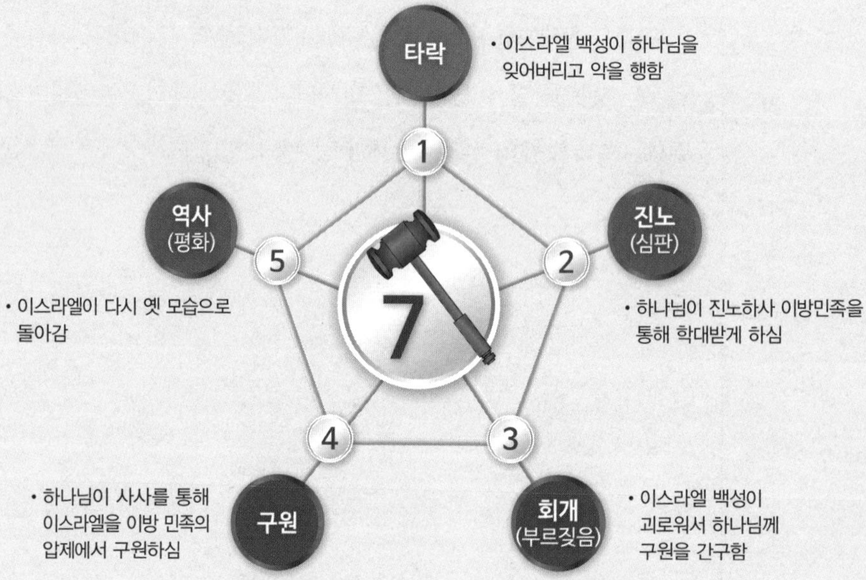

콕 Note

사이클이 돌아가요

성경에서 제일 암울한 시기가 언제일까요? 대부분의 신학자들은 사사 시대라고 말합니다. 왜냐하면 사사 시대는 이스라엘 전체를 통솔하는 지도자가 없었기 때문입니다. 즉 백성 전체의 지도자였던 모세와 여호수아가 죽자 그 후에는 12지파가 흩어지게 되었고, 각 지파는 자기 소견에 옳은 대로 행했기 때문입니다. 그런데 사사기의 내용을 자세히 들여다보면 죄, 징계, 구원(사사), 회복, 다시 타락(죄), 이렇게 마치 정해져 있는 것처럼 똑같은 패턴이 반복되는데, 이러한 핵심 사이클을 그림을 통해 살펴보겠습니다.

여호수아와 이스라엘 백성은 가나안 땅을 정복하는 데에는 성공하나 그 땅의 거민들을 완전히 쫓아내는 데에는 실패합니다. 이러한 역사 속에서 가나안 족속들이 가지고 있던 이방종교들이 이스라엘에 성행하게 되고 이스라엘 백성은 우상을 숭배하는 무서운 죄를 범합니다. 이때 하나님께서는 이방민족을 사용하셔서 그들을 징계하셨고, 백성이 회개하면 사사라는 지도자를 세워 그들을 구원하여 주셨습니다. 하지만 평화가 오면 백성은 또다시 하나님을 떠나 범죄하게 됩니다.

사사기에는 이러한 역사가 반복적으로 나타나는데, 이를 자세히 살펴보도록 합시다.

사사기 읽는 법 - 다섯 가지 사이클

❶ 타락

이스라엘 백성은 하나님을 떠나 가나안의 신을 섬기고 우상을 숭배합니다. 이는 하나님과의 언약을 저버리는 매우 커다란 죄입니다.

하나님께서는 이스라엘 백성을 출애굽 시키셨고 광야에서 가나안 땅으로 인도하셨지만, 백성은 이를 잊고 하나님 앞에 범죄하며 하나님을 진노케 합니다.

❷ 진노(심판)

하나님의 진노와 심판은 이방민족을 통해 이스라엘을 침략케 하시고, 그들의 통치 속에서 백성에게 고난을 주시는 것으로 나타납니다. 하지만 이러한 고난에는 이스라엘 백성이 회개하고 돌아오기를 바라는 하나님의 사랑도 담겨 있습니다.

❸ 회개(부르짖음)

타국의 침략으로 고통받던 이스라엘의 백성은 마침내 하나님만이 구원자라는 사실을 깨닫고 부르짖으며 회개합니다.

❹ 구원

하나님께서는 회개하는 백성의 기도를 들으시고 사사라는 이스라엘의 지도자를 세우셔서 이방 민족의 압제에서 백성을 구원하십니다.

사사기에는 총 12명의 사사가 등장합니다. 이 사사들은 하나님의 명령에 따라 이스라엘을 구원하고 백성을 다시 한 번 하나님께로 돌아오게 만드는 통로가 됩니다.

⑤ 역사(평화)

이스라엘 백성이 사사를 통해 하나님께로 돌아오게 되고 다시 한 번 평화가 찾아옵니다. 하나님을 경험한 백성은 그들이 사는 날까지 하나님을 잘 섬기지만, 다음 세대가 일어나면서 또다시 범죄합니다.

사사기 저자는 이러한 반복적인 사이클이 계속되는 이유로 '그때에 이스라엘에 왕이 없으므로 사람이 각각 그 소견에 옳은 대로 행하였더라.'(삿 17:6, 21:25)라고 기록하고 있습니다. 즉 사사기는 하나님을 잃어버린 시대야말로 가장 어두운 시대임을 보여줍니다. 그 시대의 대표적인 사건이 '미가 신상사건'과 '레위인의 첩 사건'입니다.

12명의 사사

사사는 이스라엘이 가나안 땅을 정복한 이후부터 왕정이 세워지기 전까지 이스라엘을 통치했던 정치적, 군사적 리더를 말합니다. 사사라고 번역된 히브리어 '쇼페트'가 '재판한다, 다스리다, 구원한다' 등의 의미를 가지고 있음을 생각한다면 그 의미가 더욱 가깝게 다가올 것입니다. 평상시에는 정치, 행정, 사법의 역할을 하였고 비상시에는 군사적 지도자로 활동하였습니다.

이스라엘이 주변 나라로부터 압제당할 때마다 하나님께서는 사사를 통하여 이스라엘을 구원하셨습니다. 사사는 다음과 같이 몇 가지의 특징을 가지고 있습니다.

❶ 신분

그들의 직업과 출신, 신분은 매우 다양했으며 전쟁이 끝나면 원래의 직업으로 돌아갑니다.

❷ 소사사

사사기에 소개된 사사는 총 열둘입니다. 이 중 여섯(삼갈, 돌라, 야일, 입산, 엘론, 압돈)은 큰 업적이 기록되어 있지 않아 소사사라고 불리기도 합니다.

❸ 다스림

대부분의 사사들은 이스라엘을 전체적으로 다스리기보다는 지엽적으로 다스렸으며 결코 세습되지 않았습니다.

사사기에서는 왕이 없었던 시대에 계속적으로 같은 죄를 반복하는 이스라엘 백성의 어리석음을 적나라하게 보여줍니다. 이것은 인간이 어렵고 힘들 때는 하나님을 찾다가 문제가 해결되면 하나님을 떠나는 타락한 본성을 가지고 있음을 보여줍니다. 우리가 왕 되신 하나님을 무시한 채 계속 자기 소견에 옳은 대로만 행동한다면 하나님의 징계와 심판이 있을 것입니다. 이러한 사실을 기억하면서 하나님을 왕으로 모시고 모든 잘못을 겸손히 인정하고 회개하여 하나님의 긍휼을 받아 회복하는 은혜가 있기를 바랍니다.

● 12명의 사사에 대한 참고자료 ●

이름	지파	기간	업적 및 특징
옷니엘	유다	40년	갈렙의 조카, 이스라엘 최초 사사 메소보다미아왕 구산 리사다임을 격퇴(삿 3:7~11)
에훗	베냐민	80년	왼손잡이 사사, 모압 왕 에글론 격퇴(삿 3:12~30)
삼갈	납달리	?	소모는 막대기로 블레셋 사람 600명 격퇴(삿 3:31)
드보라	에브라임	40년	여자 사사, 바락과 협력하여 가나안 왕 야빈과 그의 군대장관 시스라 격퇴(삿 4~5장)
기드온	므낫세	40년	300명 용사로 미디안 군대 격퇴(삿 6~8장)
돌라	잇사갈	23년	도도의 손자, 부아의 아들(삿 10:1~2)
야일	므낫세	22년	아들 30명, 성읍 30개 소유(삿 10:3~5)
입다	갓	6년	기생의 아들 암몬족속 격퇴, 경솔한 서원, 외동딸 인신제사(삿 10:6~12:7)
입산	유다	7년	아들 30명, 딸 30명(삿 12:8~10)
엘론	스불론	10년	스불론 땅의 아얄론에서 죽음(삿 12:11~12)
압돈	에브라임	8년	아들 40명, 손자 30명(삿 12:13~15)
삼손	단	20년	나실인, 초인적인 힘 소유, 블레셋 족속 격퇴(삿 13~16장)

Section 49

한눈에 보는 사무엘상하

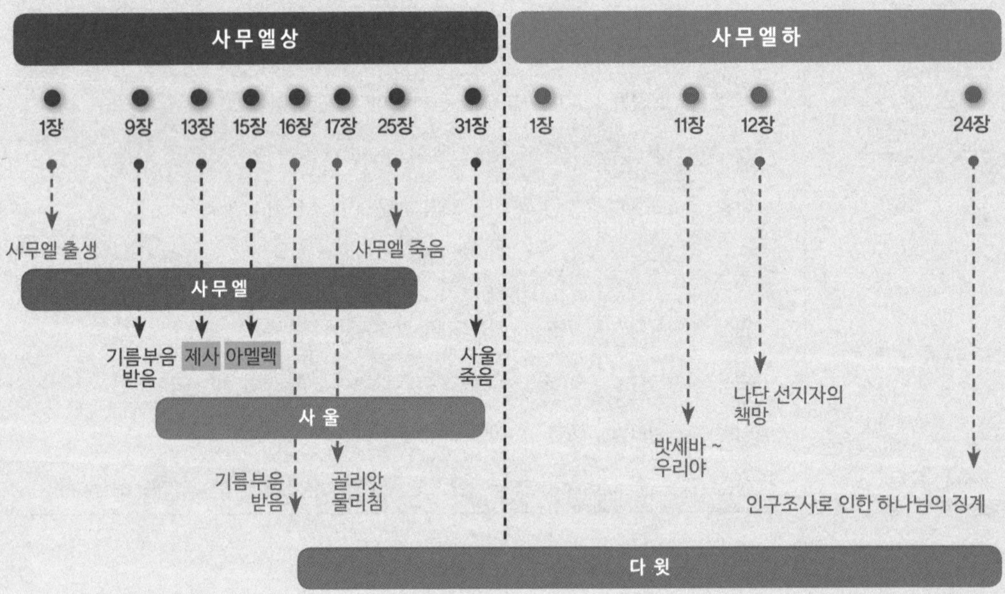

콕 Note

두 왕(사울, 다윗)과 사무엘

'사무엘서'하면 일반적으로 생각할 때 시무엘의 이야기만 기록된 것으로 착각하기 쉽습니다. 그런데 사무엘상과 사무엘하는 선지자 사무엘 이야기뿐만 아니라 이스라엘의 초대 왕이었던 사울과 두 번째 왕이었던 다윗의 이야기가 같이 있습니다. 이 세 명의 중심인물이 기록된 사무엘상하를 그림을 통해 보면 성경 속에서 각 인물이 등장하는 때와 주요 사건들을 한눈에 볼 수 있습니다. 그래서 과연 사무엘상하의 내용은 어떻게 구성되어 있으며 사무엘, 사울, 다윗은 사무엘상하에서 어떤 사건들로 묘사되어 있는지 살펴보고자 합니다.

사무엘

사무엘상, 사무엘하는 한나의 기도로 시작합니다. 아들이 없어 고통 받던 한나는 하나님께 울부짖어 기도합니다. 당시 제사장이었던 엘리는 그녀를 술 취한 여자로 착각하는데, 이는 당시 영적 지도자였던 엘리가 얼마나 영적 민감성을 잃었는지를 잘 보여주는 대목으로 하나님과 이스라엘의 관계를 유추해볼 수 있게 합니다. 엘리는 비대했고 눈이 잘 보이지 않았으며, 그의 두 아들이 제사장으로서 하나님께 범죄했음에도 불구하고 이를 묵인하기도 하였습니다. 이러한 상황 속에서 한나는 사무엘을 낳고 사무엘은 나실인으로서 성전에서 자라납니다.

사무엘은 이스라엘의 사사로서 백성을 미스바로 모아 하나님과 이스라엘 사이의 언약을 새롭게 하고, 종교적인 개혁을 일으켜 이스라엘 자손이 주님만을 섬기게 하였습니다(삼상 7:4). 또한 블레셋과의 전쟁에서 이스라엘이 승리하기를 쉬지 않고 기도하였으며(삼상 7:9), 전쟁의 승리를 기념하기 위해 돌을 놓고 에벤에셀이라고 이름하였습니다(삼상 7:12). 사무엘은 살아있는 동안 이스라엘을 다스렸고 이스라엘 사람 사이의 분쟁을 중재하였으며 라마에 주님의 제단을 쌓았습니다(삼상 7:15~17). 사무엘의 가장 큰 공헌은 이스라엘의 첫 왕정을 설립하는 데 크게 기여했다는 것입니다. 그는 사울에게 기름을 부어 이스라엘의 첫 왕으로 삼았고(삼상 9장) 그가 범죄한 이후에는 다윗에게 기름을 부었습니다(삼상 16장).

사울

사울은 베냐민 지파 출생으로 이스라엘의 초대 왕이 되었습니다. 그는 40세에 미스바에서 왕으로 추대된 이후 40년을 다스리면서 백성의 마음을 하나로 모으고 군사력을 키워 국방을 튼튼히 하는 데 주력했습니다(삼상 13:1). 특히 사울은 많은 전쟁을 치렀습니다. 하지만 그는 블레셋과의 전쟁에서 하나님께 범죄합니다. 사울은 이레 동안 사무엘을 기다렸으나 그가 길갈로 오지 않자 자신이 직접 화목제를 드린 것입니다. 마땅히 사무엘이 드려야 할 화목제를 사무엘 대신 드리는 범죄를 저지르고야 말았고, 이 일로 하나님께서 새로운 왕을 세우기로 결심하시는 계기가 되었습니다(삼상 13:14~15).

뿐만 아니라 사울은 하나님께서 아말렉과 그들이 가진 소유를 남녀노소를 막론하고 진멸하라는 명령에 불순종합니다(삼상 15:3). 사울은 전리품을 아깝게 여겨 진멸하지 않고 값없는 것들만 골라서 진멸하는 우를 범합니다(삼상 15:9). 결국 그는 하나님께 버림받는 인생이 되고 말년에는 신접한 여인을 찾는 등 잘못된 신앙생활을 하세 됩니다.

여호와의 신은 사울을 떠났고, 그는 악신에게 괴롭힘을 당하는 신세가 됩니다. 사울은 골리앗을 무찌르고 이스라엘을 구한 다윗에게 왕권을 빼앗길지도 모른다는 불안감에 여러 차례에 걸쳐 그를 살해하려는 시도를 감행합니다. 다윗을 도왔다는 이유로 아히멜렉의 가족과 제사장 85명, 놉 땅의 사람들을 몰살하는 잔혹한 행위를 벌이기도 합니다(삼상 22:18). 그는 42년간 이스라엘을 통치했지만, 결국 블레셋과의 전쟁에서 패하여 길보아 산에서 전사합니다.

다윗

다윗은 이스라엘의 두 번째 왕으로서 유대인들에게 가장 이상적인 군주의 모습을 제시한 인물입니다. 그는 하나님께 '내 마음에 합한 자'라는 평가를 얻기도 했으며(행 13:22), 이후의 역사서에서는 다른 왕들의 선과 악의 평가기준으로 기록되기도 합니다. 다윗의 길을 따랐던 왕들은 선한 왕으로 여로보암이 걸었던 길을 따라갔던 왕들을 악한 왕으로 평가합니다.

다윗은 이새의 막내아들로, 아버지 이새에게도 크게 평가되지 않았던 인생이었지만 전심으로 하나님을 사랑했던 인물입니다. 블레셋의 장군인 골리앗을 패배시키고 난 뒤(삼상 17장) 그의 군사적 명성은 날이 갈수록 커져만 갔고, 그에 비례하여 사울의 시기와 질투 또한 늘어만 갔습니다. 결국 그는 사울을 피해 도피생활을 시작합니다. 다윗은 사울 왕에게 복수할 수 있는 두 번의 기회가 있었지만 하나님이 세우신 왕인 사울을 죽이지 않았습니다(삼상 26장).

사울 사후, 다윗은 드디어 유다 족속의 왕으로 추대되어 7년 동안 헤브론에서 다스렸고, 이후에는 사울을 지지하던 북쪽의 지파들을 규합하여 통일된 이스라엘의 왕이 됩니다(삼하 5:3). 그는 예루살렘을 수도로 정하고 그곳을 종교, 정치적 중심지로 만들었습니다. 또한 행정과 조직의 개편이 이루어졌고 전쟁을 통해 영토를 확장하기도 하는 등 당시 근동의 새로운 강자로 떠오르게 되고 이스라엘 최고의 전성기를 맞이하는 기초를 놓게 됩니다. 그는 30세에 왕이 되어서 40년간 이스라엘을 다스렸습니다(삼하 5:4).

하지만 다윗 또한 죄의 굴레를 벗어날 수 없었던 인간임을 기억해야 합니다. 그는 부하인 우리아의 아내, 밧세바를 범하는 성적인 죄를 저질렀습니다(삼하 11:4). 또한 밧세바가 임신하자 우리아와 밧세바를 동침시키려는 계획을 세웠고 이 계획마저 실패하자 우리아를 가장 치열한 전쟁터로 보내 전사하게 만듭니다(삼하 11:17). 다윗이 자신의 죄악을 깨닫지 못하자 하나님께서는 나단 선지자를 보내 이를 책망하기까지 하셨습니다(삼하 12:12). 이러한 죄의 결과로, 다윗과 밧세바 사이에서 태어난 아이는 출생 후 얼마 되지 않아 죽습니다. 또한 다윗은 이스라엘의 인구조사로 하나님의 징계를 받기도 합니다(삼하 24장).

이와 같이 다윗은 죄가 없는 완벽한 사람은 아니었습니다. 그럼에도 불구하고 다윗이 위대한 왕이 될 수 있었던 것은 죄를 깨달은 순간 죄를 인정하며 회개하는 결단이 있었기 때문입니다. 하나님께서는 이러한 다윗을 마음에 합한 자로 인정하시고 사랑하셨습니다. 그가 이스라엘을 다스린 40년 동안 왕국은 튼튼하게 세워져 갔고, 그는 죽어서 그의 조상과 함께 다윗성에 안장되었습니다(왕상 2:10~12).

사무엘상하에서 하나님께서는 말씀과 명령에 순종하는 다윗과 그렇지 못한 사울을 구분하여 보여주셨습니다. 그리고 선지자 사무엘을 통해 하나님의 말씀이 선포되고 이스라엘 백성은 하나님을 떠나서는 결코 승리할 수 없다는 것을 깨닫습니다. 마찬가지로 우리 또한 하나님의 도우심이 없이는 결코 이 험한 세상에서 승리할 수 없습니다. 다윗과 같은 순종의 모습을 가지고 하나님의 마음에 합한 삶을 통해 속한 모든 곳에서 승리의 역사를 이어가는 은혜가 있기를 바랍니다.

Section 50

한눈에 보는 열왕기상하(선지자 중심)

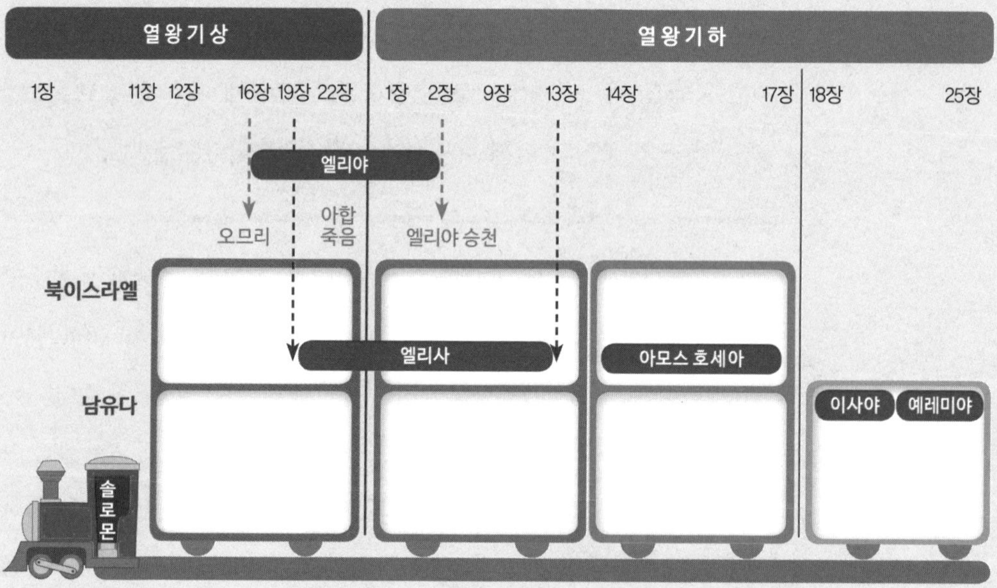

콕 Note

열왕기의 여섯 선지자

열왕기를 이해하기 위해 먼저 알아야 하는 것은 북이스라엘과 남유다 양국이 분리된 상태에서 주로 활동하였던 6명의 선지자들입니다. 그들은 하나님의 말씀을 대언하기 위해 당시의 왕들과 거룩한 거리감을 유지해야 했고 가난과 고독을 자청해야 했으며, 때로는 죽음을 불사르며 하나님의 말씀을 전해야 하기도 했습니다. 그런 여섯 선지자를 성경에 나와 있는 순서대로, 그리고 주요 사건과 그 선지자들의 주 활동 무대를 그림을 통해 보며 열왕기상하전체를 살펴보겠습니다.

성경에는 많은 선지자들이 등장합니다. 선지자는 성경을 기록한 선지자와 기록하지 않은 선지자로 나눌 수 있습니다. 성경을 기록한 선지자는 16명인데 기록된 성경은 17권입니다. 예레미야가 두 권을 기록했기 때문입니다. 이제부터 열왕기상하에 나오는 선지자들 중 특별히 중요한 6명의 선지자들을 살펴보고자 합니다.

엘리야

엘리야는 북이스라엘 7대 왕인 아합왕 때에 주로 활동하였는데 이는 이스라엘 최고의 영적 암흑기 중 하나였습니다. 아합왕과 그의 부인인 이세벨은 우상숭배에 가장 앞장섰던 인물입니다. 아합은 바알을 숭배하는 문화를 국가 전반에 걸쳐 확장시키고 산당을 지어 경배하기까지 하였습니다. 엘리야는 3년 반 동안 비가 오지 않을 것이라고 예언하며 바알의 종교 정책에 반대하였고(왕상 17:1), 그 후 바알의 선지자 850명과의 대결을 통해 하나님의 살아계심을 증명하였습니다(왕상 18장).

하지만 엘리야가 행한 모든 일과 바알의 선지자를 진멸한 사건은 오히려 그의 생명을 위협하였습니다. 엘리야는 절망하였고 광야 길로 하룻길을 걸어 들어가 로뎀나무 아래에서 죽기를 기도합니다(왕상 19:1~4). 하나님께서는 이러한 엘리야를 위로하셨고, 이에 힘을 얻은 엘리야는 호렙산에서 하나님의 세미한 음성을 듣게 됩니다. 이는 하사엘을 아람 왕으로, 예후를 이스라엘 왕으로 기름 부으라는 하나님의 명령이었습니다(왕상 19:15~17). 후에 엘리야는 엘리사로 후계자를 삼게 되고(왕상 19:19~21), 엘리사와 함께 사역을 감당합니다. 엘리야 생애의 절정은 그가 죽음을 경험하지 않고 하늘로 승천하는 것입니다(왕하 2:1~15). 엘리야는 죽음을 보지 않고 회오리바람을 타고 하늘로 올라갔습니다. 이와 같이 엘리야는 구약에서 가장 능력 있는 선지자 중의 한 명이었고 동시대뿐만 아니라 이후의 시대에도 커다란 영향을 미치게 됩니다.[1]

1) 가스펠 서브, 『라이프 성경사전 (서울 : 생명의말씀사, 2012. 5)』, 541.

엘리사

엘리사는 엘리야의 후계자로 여호람(9대 왕), 예후(10대 왕), 여호아하스(11대 왕), 요아스 왕(12대 왕)의 통치기간에 약 50년간 북이스라엘에서 활동했습니다(왕상 19:16~21). 스승인 엘리야가 승천할 때에 그가 요구했던 것은 스승의 갑절에 해당하는 능력을 부어달라는 것이었습니다. 그는 소원대로 갑절의 영감을 부여받았고, 때문에 수많은 기적을 일으키기도 하였습니다.[2)]

2) 가스펠 서브, 『라이프 성경사전』(서울 : 생명의말씀사, 2012. 5), 746.

❶ 엘리사의 예언

엘리사의 예언 사역은 다음과 같습니다.

1 **이스라엘과 유다가 모압에 승리할 것**(왕하 3:16~20)

2 **수넴 여인의 아들이 태어날 것**(왕하 4:16~17)

3 **사마리아성의 풍부한 식량이 예비된 것**(왕하 7:1)

4 **왕의 장관의 죽음**(왕하 7:2)

5 **기근이 임함**(왕하 8:1~3)

6 **벤하닷의 죽음**(왕하 8:7~10)

7 **하사엘의 왕위 계승**(왕하 8:13~15)

8 **요아스의 승리**(왕하 13:14~19)

❷ 엘리사의 이적

엘리사를 통해 나타난 이적은 다음과 같습니다.

1 **요단강을 말린 일**(왕하 2:13~15)

2 **물을 고친 일**(왕하 2:19~22)

3 **곰의 출현**(왕하 2:23~25)

4 **비 없이도 시내에 물이 가득하게 한 일**(왕하 3:16~20)

5 **모압인들을 물리친 일**(왕하 3:18~20)

6 **적군의 판단을 흐리게 한 일**(왕하 3:21~23)

7 **과부의 풍족한 기름**(왕하 4:1~7)

8 **불임을 고친 일**(왕하 4:12~17)

9 **아이를 되살린 일**(왕하 4:32~37)

10 **국의 독기운을 제거함**(왕하 4:28~41)

11 **부족한 음식으로 100명을 먹임**(왕하 4:42~44)

12 **나아만의 나병 치유**(왕하 5:21~27)

13 **도끼를 물에서 떠오르게 한 일**(왕하 6:1~7)

14 **비밀스러운 말을 들은 일**(왕하 6:8~12)

15 **아람 군대를 물리친 일**(왕하 6:13~23, 7:6~8)

16 **식량값의 폭락**(왕하 7:1~2)

17 **7년간의 기근**(왕하 7:6~8)

아모스

아모스는 남유다의 10대 왕 웃시야, 북이스라엘의 13대 왕 여로보암 2세 때에 활동했는데 당시는 평화와 번영의 시기였습니다(암 1:1; 7:14~17). 북이스라엘과 전쟁 중이던 아람 왕 벤하닷 3세는 아시아의 신흥세력으로 떠오르던 앗수르에게 패배하였고, 이로 인해 이스라엘은 잠시나마 전쟁의 위협에서 벗어나 경제, 정치, 문화, 군사적으로 많은 힘을 비축할 수 있었던 것입니다. 하지만 이러한 물질적, 문화적 번영은 백성으로 하여금 하나님을 잊게 만들었고 이는 자연스럽게 영적, 종교적 부패를 가져오게 됩니다(암 2:6~8, 5:11~12).

특히 가나안 이방종교의 성행은 이러한 부패를 심화시켰으며 퇴폐적인 사회상은 자연히 빈익빈 부익부를 가져왔습니다. 진리와 정의는 상실되고 부자들은 사회적인 책임의식을 전혀 느끼지 못하는 이와 같은 시대상은 이스라엘 민족의 불길한 미래를 말해주는 것이었습니다. 이러한 시대적 상황에서 선지자로 부름 받은 아모스는 이렇게 말하였습니다. '주 여호와께서 가라사대 보라 날이 이를찌라 내가 기근을 땅에 보내리니 양식이 없어 주림이 아니며 물이 없어 갈함이 아니요 여호와의 말씀을 듣지 못한 기갈이라'(암 8:11) 그리고 하나님의 심판을 선포함으로서 회개를 촉구하였고, 백성이 하나님께 돌아올 수 있도록 노력하였습니다(암 3:9~10, 5:5,11, 6:1,4,8, 7:10~17).

호세아

아모스가 정치와 사회 등 국가적 현상에 포커스를 맞추었다면 호세아의 핵심은 가정을 통해 예언되어지는 메시지에 있다고 할 수 있습니다. 하나님께서는 변함없이 이스라엘을 사랑하였고, 그들의 반역과 배신에도 끝까지 포기하지 않으셨습니다.

하지만 이스라엘은 하나님의 말씀에 귀를 기울이지 않았고 하나님의 사랑도 이해할 수 없었습니다. 이에 하나님께서는 호세아의 삶을 이스라엘에게 보여주시며, 그들이 하나님의 사랑을 깨닫기를 원하셨습니다.

호세아는 음란한 여자를 부인으로 맞이하여 그녀에게서 음란한 자식들을 낳으라는 하나님의 명령을 듣습니다(호 1:2). 이에 호세아는 고멜과 결혼하였으나 고멜은 호세아를 떠나 성적으로 부도덕한 행위를 즐깁니다. 하지만 하나님께서는 다시 고멜을 사랑하라고 계속적으로 명령하십니다(호 3:1~3). 남편을 배신한 아내를 계속적으로 사랑하는 호세아를 통해, 반역한 이스라엘 백성을 끝까지 사랑하시는 하나님의 사랑을 보여주시는 예표로 삼고 있는 것입니다.

이사야

성경은 구약 39권과 신약 27권, 총 66권으로 이루어져 있습니다. 이사야 또한 66장으로 구성되어 있는데 39장은 율법적인 메시지를, 나머지 27장은 회복의 메시지를 기록하고 있기 때문에 작은 성경이라고 불리기도 합니다.

특히 이사야는 메시아가 이 땅에 올 것을 가장 많이 예언하였습니다. 이사야는 그리스도에 대한 예언에 무려 17장을 할애합니다. 이사야는 아모스, 호세아, 미가와 동시대에 활동했습니다. 그는 임금의 도성에 쉽게 접근할 수 있었고 통치자인 왕을 만나는 데에도 별다른 어려움이 없었기 때문에 많은 학자들은 그가 왕족이나 제사장이었을 것이라고 추측하기도 합니다. 또한 많은 지식과 탁월한 문장력으로 성경을 기록했으며 특히나 메시아에 대한 예언을 많이 하였습니다. 유대인들의 전승에 따르면 그는 톱에 목이 베여 순교했다고 합니다. 이사야는 약 50여 년간 남유다에서 선지자로 활동하였으며 유다의 정치, 도덕, 종교적 부패를 꼬집어 하나님께 돌아올 것을 요청하였습니다. 특별히 이사야는 하나님의 징계와 함께 회복을 예언하였습니다.

예레미야

예레미야는 이스라엘이 멸망하는 과정을 지켜보며 많은 눈물을 흘렸기에 '눈물의 선지자'라고 불리기도 합니다. 예레미야를 이해하기 위해서는 시대적 정황을 먼저 살펴보아야 합니다.

당시 바벨론은 아시아에서 떠오르는 신흥강국이었습니다. 이와 같은 국제 정세 속에서 많은 이스라엘 백성은 친애굽 성향을 가지고 있었습니다. 그들은 애굽의 힘을 이용하여 바벨론을 억제하기를 원했던 것입니다. 하지만 예레미야는 끓는 가마가 기울어지는 환상을 통해 하나님의 뜻을 확인했고 바벨론에 포로로 잡히는 것이 하나님의 뜻임을 예언했습니다. 그와 같은 메시지를 통해 이스라엘 백성이 하나님께로 돌아올 것을 강권하였으나 도리어 백성과 사랑하는 사람들로부터 멸시와 조롱의 대상이 되었습니다.

그의 메시지는 유다가 멸망하여 백성이 포로 생활을 하게 될 것이라는 심판의 성격이 강했으며 하나님에 대한 신실한 믿음의 회복만이 유일한 대안임을 주장하기도 하였습니다. 하지만 이러한 메시지는 점점 더 예레미야를 고립시켰으며 각계각층으로부터 따돌림과 핍박을 당하게 됩니다. 그는 예루살렘이 함락된 후 강제로 애굽으로 끌려가게 되고, 그곳에서 사망한 것으로 추측됩니다.

시대가 악하여 하나님의 뜻과 공의가 선포되지 않을 때마다 하나님께서는 선지자들을 보내어 백성의 삶을 돌이키게 하셨습니다. 하지만 백성은 계속 죄 가운데 거하기를 원했고 결국 죄의 결과로 이스라엘은 포로로 끌려갑니다. 이러한 사실을 기억하면서 만일 우리의 삶이 하나님의 말씀에 불순종하려는 죄악으로 가득 차 있다면 그러한 죄의 고리를 단호하게 끊어버리고 하나님의 긍휼을 받는 은혜가 있기를 바랍니다.

Section 51

한눈에 보는 열왕기상하(왕 중심)

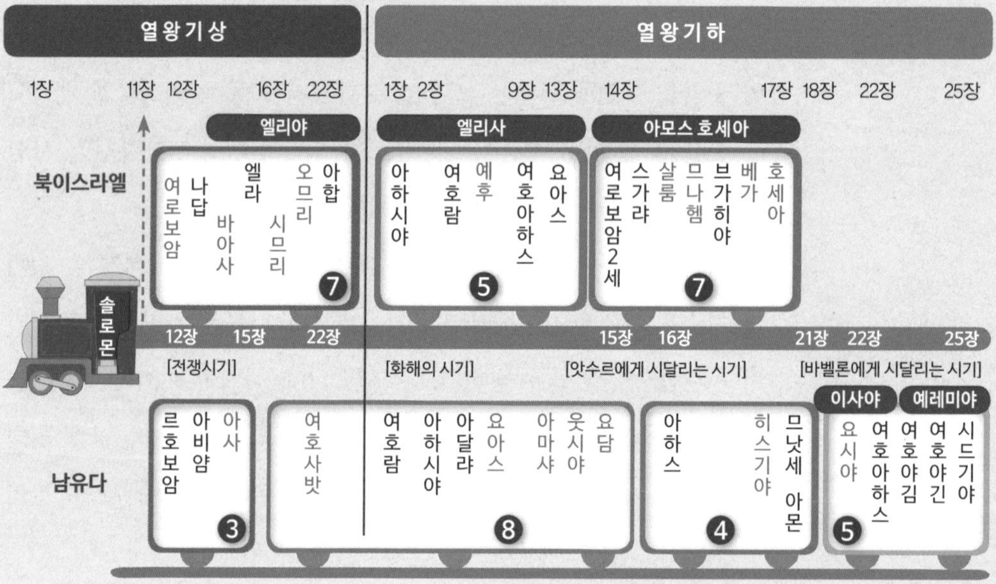

콕 Note

왕들의 이름이 한눈에 보여요!

우리나라에 누가 대통령이 되었는지에 따라 'ㅇㅇㅇ성권'이라고 하는 것처럼 열왕기상하에서도 누가 왕이 되었는지에 따라 그 왕을 중심으로 한 통치와 역사의 흐름이 뒤바뀝니다. 특별히 열왕기상하는 왕들의 정치적 업적을 평가하기보다는 얼마나 하나님 뜻에 맞는 신정정치를 구현하였는가를 평가기준으로 삼습니다. 그래서 먼저 북이스라엘과 남유다의 각 왕들의 이름과 그 활동시기 및 성경에 등장하는 때를 한눈에 파악해 볼 수 있도록 그림으로 살펴보겠습니다.

솔로몬의 타락

열왕기서는 솔로몬으로부터 시작합니다. 솔로몬은 다윗에 이어 왕위에 올랐고 하나님으로부터 지혜와 부, 명예를 받았으며 예루살렘 성전을 완공했습니다. 하지만 그는 인생의 후반부에 말씀에 순종하지 않는 삶을 살았습니다. 신명기에 기록된 이스라엘의 왕이 지켜야 할 규례를 지켜 행하지 못한 것입니다.

'그는 병마를 많이 두지 말 것이요. 병마를 많이 얻으려고 그 백성을 애굽으로 돌아가게 하지 말 것이니... 그에게 아내를 많이 두어 그의 마음이 미혹되게 하지 말 것이며 자기를 위하여 은금을 많이 쌓지 말 것이니라.'(신 17:16~17) 이 말씀을 어기고 애굽으로부터 병거와 마병을 구입했고(왕상 10:28) 바로의 딸과 결혼했을 뿐만 아니라 이방의 많은 여인을 사랑했는데, 심지어 후궁이 700명, 첩은 300명에 이르렀습니다. 이방의 여인들과 함께 수많은 이방신들이 이스라엘로 유입되었고 이는 우상숭배를 향하는 원인을 제공했습니다.

하나님께서는 두 번이나 그에게 나타나 다른 신을 섬기지 말라고 하였으나 그가 여호와의 명령을 지키지 않았기에(왕상 11:8) 결국 이스라엘은 여로보암이 다스리는 북이스라엘과 르호보암이 다스리는 남유다로 나누어집니다. 이제 북이스라엘과 남유다의 역대 왕들을 자세히 살펴보겠습니다.

북이스라엘

북이스라엘은 총 19명의 왕이 등장합니다. 열왕기상에서는 7명의 왕이 기록되어 있고, 열왕기하에는 12명의 왕이 등장합니다. 북이스라엘에서 활동한 역대 왕들의 특징으로는 다윗의 길을 따라간 선한 왕이 단 한 사람도 없다는 것입니다. 그들은 모두 여로보암의 악한 길을 따랐다고 기록되어 있습니다.

또한 북이스라엘은 쿠데타의 역사를 가지고 있습니다. 총 9번에 걸쳐 왕조가 바뀌는데 솔로몬 시대의 여로보암을 필두로 바아사, 시므리, 오므리, 예후, 살롬, 므나헴, 베가, 호세아 9명입니다.

범죄와 불순종의 역사를 가지고 있던 북이스라엘은 주전 722년 앗수르에 의해 멸망당합니다.

남유다

남유다에는 총 20명의 왕이 등장합니다. 열왕기상에는 남유다의 왕 4명이 기록되어 있고, 열왕기하에는 17명의 왕이 등장합니다.

북이스라엘에 다윗의 길을 따랐던 선한 왕이 한 사람도 없었던 것에 비해 남유다에는 8명의 선한 왕이 등장합니다. 그들은 여호와 보시기에 정직히 행하여 그의 조상 다윗의 길로 행했다고 기록되어 있습니다. 아사, 여호사밧, 요아스, 아마샤, 웃시야, 요담, 히스기야, 요시야가 그 8명의 왕들입니다.

남유다는 요시아왕이 므깃도 전투에서 패배한 이후부터는 대부분의 국권을 상실했고, 주전 586년에 바벨론에 의해 멸망당합니다.

시대적 구분

남유다와 북이스라엘의 관계는 시대에 따라 4가지로 구분할 수 있습니다.

❶ 전쟁의 시기

이때에는 남유다와 북이스라엘이 치열한 전쟁을 벌였습니다. 열왕기상 22장까지 기록되어 있으며 당시에 남유다의 왕은 르호보암, 아비얌, 아사였고, 북이스라엘의 왕은 여로보암, 나답, 바아사, 엘라, 시므리였습니다.

❷ 화해의 시기

특별히 오므리와 아합이 사돈을 맺으며 화해하던 시기였습니다.

열왕기하 14장까지 기록된 남북의 관계는 평화와 협력의 시대였고 오므리, 아합, 여호람, 아하시야, 아달랴, 요아스, 아마샤, 웃시야, 요담 등 총 9명의 남유다 왕들과 아하시야, 여호람, 예후, 여호아하스, 요아스 등 총 5명의 북이스라엘 왕들이 통치하였습니다.

❸ 앗수르에게 시달리던 시기

북이스라엘에서는 여로보암 2세, 스가랴, 살룸, 므나헴, 브가히야, 베가, 호세아가 통치했으나 앗수르에 의해 주전 722년 멸망합니다.

❹ 바벨론에게 시달리던 시기

이 시기는 이미 북이스라엘은 멸망했고 남유다와의 관계 속에서 진행되는 역사입니다. 열왕기하 25장까지 기록되어 있는데 이때의 왕들은 남유다의 요시야, 여호아하스, 여호야김, 여호야긴, 시드기야 왕이 통치하던 시기입니다. 앗수르를 멸망시킨 바벨론은 B.C. 586년 남유다를 점령하고 이스라엘 백성을 포로로 잡아가게 됩니다.

이스라엘의 전쟁이 주는 영적 의미

구약 시대 이스라엘이 수행했던 전쟁은 대부분 '성전(聖戰, the Holy War)'이었습니다(출 15:3). 그래서 전쟁의 승패는 군사력이나 전투 장비의 우열에 달려 있는 것이 아니라 세상 주관자요 용사이신 하나님의 거룩한 의지에 달려 있었습니다(사 42:13; 신 1:30, 3:22). 때문에 하나님의 통치하에 있었던 이스라엘은 하나님의 권위를 인정하고 그 말씀에 순종하여 거룩과 성결을 유지할 때, 그리고 죄를 회개하고 참회의 무릎을 꿇을 때 그 어떤 대적에게도 밀리지 않고 승리를 쟁취할 수 있었습니다(출 14:14; 느 4:20). 또한 하나님께서는 이스라엘이 스스로 죄악과 부패에 휩싸여 하나님을 떠나갈 때 전쟁이라는 수단을 통해 그들을 징계, 심판하시기도 하셨습니다(사 63:10; 암 3:14~15). 따라서 분열 왕국 시대의 전쟁과 역사를 살펴볼 때에는 단순한 영토 확장이나 국가 간의 무력 대결 이상의 의미를 가지고 있다는 것을 함께 기억해야 합니다.

성경에서는 역대 왕들을 하나님의 관점에서 조명합니다. 즉 그들이 하나님의 말씀에 순종했느냐 불순종했느냐로 평가하는 것입니다. 하나님은 지금 이 순간에도 세상을 통치하시고 하나님의 관점으로 우리를 평가하고 계십니다. 이러한 사실을 기억하면서 혼탁한 시대에 순결한 마음을 가지고 하나님의 말씀에 온전히 순종하는 은혜가 있기를 바랍니다.

PART 6

얼마나 될까?

'우리나라의 옛날 모습' 하면 어떤 모습이 떠오르시나요? 짚신을 신고 다니며 지게를 지고 가는 모습, 엽전을 들고 다니며, 붓으로 글씨를 쓰고, 나무막대기로 한 자, 두 자 길이를 재던 시절.

우리의 전통 노래인 '아리랑'에 보면 '나를 버리고 가시는 님은 십 리도 못 가서 발병 난다'라는 노랫말이 있는데, 여기서 '십 리'는 어느 정도의 거리인지 혹시 아시나요? 계산해보면 약 4km 정도에 해당한다고 합니다. 이처럼 요즘 우리가 쓰고 있는 화폐, 무게, 부피, 길이, 거리, 시간을 가지고 옛날 모습을 되짚어 보면 사실 계산해야 하는 부분이 너무나 많아서 이해하기 힘들게 느껴지기도 합니다.

그런데 이것은 성경도 마찬가지입니다. 약 3,000여 년 전 성경이 기록되던 당시의 문화와 시대에 따라서 계속 기준이 바뀌고 언어가 바뀌고 가치의 변화가 있었다는 말입니다. 그래서 이번 장에서는 이러한 복잡하고 변화가 많았던 성경의 각종 단위와 기준들을 한데 모아 보았습니다.

성경의 화폐(section 52), 성경의 무게(section 53), 성경의 부피(section 54), 성경의 길이와 거리(section 55), 성경의 시간(section 56)을 일목요연하게 정리해 보고 지금 우리가 사는 시대와 비교해 보는 것도 성경을 통해 얻을 수 있는 새로운 재미가 될 것입니다.

그리고 이를 통하여 당시의 시대 상황과 문화를 더욱 정확하게 엿보고, 말씀의 의미를 더 깊이 깨달을 수 있게 되니 참으로 일석이조 이상의 효과가 있을 것이라 기대해 봅니다.

Section 52

성경의 화폐

	명칭	가치	관계성구	한국화폐
유대	게바	세겔의 1/20	출 30:13	1만 원
	베가	세겔의 1/2	출 38:26	10만 원
	세겔	금 – 은의 15배, 은 – 일반노동자의 4일 품삯 달란트의 1/60	대상 21:25, 출 30:24, 삼하 24:24	20만 원
	므나	금 – 은의 15배	눅 19:13~25	500~600만 원
	달란트	6,000데나리온	대상 29:4, 출 38:27, 마 18:24, 25:15~28	3억 원
로마	고드란트	앗시리온의 1/4	마 5:26	781원
	앗시리온	데나리온의 1/16	마 10:29	3,125원
	데나리온	하루 품삯	마 18:28	5만 원
헬라	렙돈	로마 고드란트의 1/2	막 12:42, 눅 21:2	390원
	드라크마	하루 품삯	눅 15:8	5만 원

* 저자주 : 1데나리온의 1일 하루 품삯을 기준으로 화폐 정리함.

콕 Note

유대, 로마, 헬라의 화폐는 얼마일까요?

미국의 '달러', 일본의 '엔', 중국의 '위안', 한국이 '원'처럼 돈을 계산하는 단위와 그 가치는 나라에 따라서 조금씩 차이가 있습니다. 이것은 성경에서도 마찬가지인데 유대와 로마, 헬라의 문화와 언어에 따라 각기 다른 화폐의 단위와 가치가 나타납니다. 여기서는 오늘 우리의 화폐로 환산해서 살펴보고자 합니다.

성경에 등장하는 화폐는 주로 유대, 로마, 헬라가 사용하던 화폐였습니다. 그런데 그 당시에 통용되던 화폐를 현재의 단위로 계산한다는 것은 불가능합니다. 그래서 당시 노동자들의 하루 품삯을 5만 원으로 책정하여 당시의 화폐 가치를 살펴보고자 합니다.

로마의 화폐

로마의 화폐는 고드란트, 앗시리온, 데나리온 이렇게 세 종류입니다. 세 가지 화폐 모두 예수님의 비유에 자주 등장하며 신약 시대에 널리 통용되었습니다.

❶ 데나리온

데나리온은 로마에서 일꾼의 하루치 품삯으로 한국의 화폐로는 약 5만 원 정도이고 헬라의 드라크마와 같은 단위입니다.

❷ 앗시리온

앗시리온은 데나리온의 약 1/16에 해당하며 현재의 가치로는 3,125원 정도입니다. 당시 로마에서 1앗시리온은 한 번의 목욕료에 해당되었다고 합니다.

❸ 고드란트

고드란트는 로마 최소 단위의 청동화폐로서, 앗시리온의 1/4 정도의 값어치입니다. 이를 한국의 화폐로 환산해보면 약 780원 정도의 가치가 됩니다.

유대의 화폐

유대의 화폐는 게바, 베가, 세겔, 므나, 달란트 이렇게 5종류입니다.

❶ 세겔

세겔은 금이냐 은이냐에 따라 다른 가치를 지닙니다. 따라서 기준으로 잡아야 할 단위는 은 1세겔입니다.

1 은 1세겔

은 1세겔은 노동자의 4일 치 품삯을 의미합니다. 하루의 임금을 5만 원으로 계산했을 때 은 1세겔은 20만 원의 가치를 가지고 있습니다.

❷ 금 1세겔

금 1세겔은 은 1세겔의 15배의 가치를 지니고 있습니다. 따라서 은 1세겔을 한국의 화폐로 20만 원이라고 한다면, 금 1세겔은 약 300만 원이 됩니다.

❷ 게바

게바는 유대에서 사용한 무게의 최소 단위로 약 0.6g에 해당하고 세겔의 1/20에 해당합니다. 이를 한국의 화폐로 환산해보면 약 1만 원 정도의 가치를 가지고 있습니다.

❸ 베가

베가의 단위는 '은'인데, 은 1베가는 반 세겔입니다(출 38:26). 따라서 은 1베가는 1/2세겔이고, 10게바입니다. 또한 은 1베가이 무게는 약 6g, 현재 한국의 화폐로는 약 10만 원에 해당합니다.

❹ 므나

므나는 주로 금이나 은을 측량할 때 사용하는 단위였습니다. 그리고 1므나는 약 30세겔 정도의 값어치를 가지고 있었습니다.

❺ 달란트

성경에서 가장 잘 알려진 화폐의 단위는 바로 '달란트'입니다. 달란트는 주로 거액의 돈이나 알 수 없는 무게에 사용되는 단위였는데 1달란트가 6,000데나리온, 즉 1데나리온의 가치를 5만 원으로 계산하면 약 3억 원의 값어치에 해당합니다. 그래서 주님의 비유 중 1만 달란트를 용서받은 자에 대한 말씀이 기록되는데 1만 달란트를 한국의 화폐로 환산해 보면 3조 원에 해당됩니다.

이는 하나님의 용서가 값으로 환산할 수 없는 놀라운 은혜임을 우리에게 알려줍니다(마 18:23~35).

헬라의 화폐

헬라의 화폐로는 렙돈과 드라크마 두 가지입니다.

❶ 드라크마

1드라크마는 약 1데나리온에 해당합니다. 앞서 로마의 화폐인 1데나리온을 일꾼의 하루 치 품삯인 5만 원으로 계산했기 때문에 마찬가지로 1드라크마도 한국의 화폐로 5만 원이 됩니다.

❷ 렙돈

렙돈은 로마의 가장 작은 화폐 단위인 고드란트의 1/2에 해당합니다. 고드란트가 약 780원 정도였기 때문에 1렙돈은 한국의 화폐가치로 약 390원 정도에 해당합니다.

예수님께서는 '너희 보물 있는 곳에는 너희 마음도 있으리라'고 말씀하셨습니다(눅 12:34). 그리고 성경은 '돈을 사랑함이 일만 악의 뿌리가 되나니(딤전 6:10)'라고 하였습니다. 그렇기 때문에 신앙인들은 재물에 대해 바른 청지기 정신을 가지고 하나님께서 주신 재물을 바르게 사용할 줄 알아야 합니다. 이를 통해 하나님께서 영광 받으시고 하나님의 나라가 확장되어간다는 사실을 기억하며 모든 물질의 주인 되시는 하나님을 더욱 경외하고 높이는 삶을 살아가는 은혜가 있기를 바랍니다.

Section 53

성경의 무게

명칭	가치	영미식 단위	미터법 단위
게라	20분의 1세겔	50분의 1온스	0.6g
베가	20분의 1세겔 or 1게라	5분의 1온스	5.7g
빔	3분의 2세겔	3분의 1온스	7.6g
세겔	2베가	5분의 2온스	11.5g
근(리트라)	30세겔	12온스	0.4g
므나	50세겔	1.25파운드	0.6g
달란트	3,000세겔, 60므나	75파운드, 88파운드	34kg/ 40kg

콕 Note

얼마나 무거울까요?

고기의 무게를 잴 때 '한 근', '두 근', 몸무게나 물건을 잴 때는 g과 kg을 쓰는 것처럼 성경에서도 여러 가지 단위가 등장하고, 그에 따른 가치의 차이가 있습니다. 이번엔 성경에 나타난 무게를 재는 단위의 이름들과 가치, 단위를 한눈에 보기 쉽게 비교할 수 있도록 살펴보겠습니다.

성경에는 현대와 다른 수많은 무게의 단위가 등장하기에 자주 생소한 느낌을 줍니다. 어느 정도의 무게를 이야기하는 것인지 이해하기 쉽지 않기에 이를 현대의 단위와 비교해서 살펴보고자 합니다.

세겔

우선 가장 많이 사용하는 무게의 단위인 세겔을 기준으로 살펴보면 다른 무게의 단위를 이해하는 데에도 큰 도움이 되리라고 생각합니다. 1세겔은 가장 작은 무게측정 단위인 게라의 20배 정도로 현대의 무게로는 약 11.5g에 해당합니다. 성경에서의 세겔은 무게뿐만 아니라 화폐의 단위로 등장하기도 합니다. 사무엘하에서는 다음과 같이 기록합니다. '그 머리털이 무거우므로 연말마다 깎았으며 그 머리털을 깎을 때에 달아본즉 왕의 저울로 이백 세겔이었더라'(삼하 14:26) 이백 세겔이면 현대의 단위로는 2,300g, 즉 2.3kg 정도입니다.

게라

게라는 성경에서 사용된 무게 중 가장 작은 단위로 1/20세겔인데 계산해보면 약 0.57g에 해당합니다(레 27:25; 민 3:47). 이스라엘 율법에는 남자가 20세가 되어 계수에 포함될 때 10게라에 해당하는 속전(속죄금)을 하나님께 드리라고 규정하고 있습니다(출 30:13).

베가

베가는 게라의 10배이고, 세겔의 1/2입니다. 출애굽기에서는 '조사를 받은 자가 이십 세 이상으로 육십만 삼천오백오십 명인즉 성소의 세겔대로 매인에게 은 한 베가 곧 반 세겔씩이라'(출 38:26)고 기록되어져 있습니다.

빔

빔은 2/3 세겔로, 현재의 단위로는 7.6g 정도를 이야기합니다.

리트라

리트라(근)는 30세겔 정도의 무게를 가지고 있으며 약 345g으로 환산할 수 있습니다.

므나

성경에서는 므나를 '마네'라고 기록하기도 합니다. 므나는 약 575g 정도인 50세겔 정도의 무게를 나타냅니다. 이는 1달란트의 1/60이기도 하며 성경에서는 '또 쳐서 늘인 금으로 작은 방패 삼백을 만들었으니 매 방패에 든 금이 삼 마네라 왕이 이것들을 레바논 나무 궁에 두었더라'(왕상 10:17) 이렇게 기록되어 있으며, 이를 통해 매 방패마다 약 1,800g 정도의 금이 함유되었음을 알 수 있습니다.

달란트

달란트는 세겔의 3,000배이고 므나의 60배로, 현재의 단위로는 약 34,500g, 즉 34.5kg을 이야기합니다. 예수님께서는 달란트 비유에서 주인이 자신의 재산을 종들에게 맡기고 타국으로 떠났다고 말씀하십니다(마 25:14 이하). 주인은 각각의 종들에게 다섯 달란트, 두 달란트, 한 달란트를 맡기는데, 한 달란트가 금 34.5kg이라면 다섯 달란트 맡은 종은 총 172.5kg의 금을 투자받은 것이라고 할 수 있습니다. 현재의 가치로 금 한 돈(3.5g)이 약 17만 원 정도임을 감안한다면 정말 어마어마한 금액을 맡기신 것입니다.

하나님께서는 벨사살왕이 하나님의 저울에 달려 무게가 부족함이 드러났음을 보이시며 벨사살왕의 시대가 끝났다는 의미를 담아 '메네 메네 데겔 우바르신(단 5:26)'이라고 하였습니다. 이처럼 하나님께서는 지금도 우리의 행위를 달아보시는 분이십니다. 그러한 하나님의 저울 앞에 우리가 가진 믿음의 무게가 혹시 바람에 나는 겨(시 1:4)와 같지 않은지 돌아보며, 날마다 두렵고 떨림으로 하나님께 나아가는 은혜가 있기를 바랍니다.

Section 54

성경의 부피

	명칭	체적		관계성구
고체	갑	1.3ℓ	0.66되	왕하 6:25
	오 멜	2.34ℓ	1.2되	출 16:16
	스 아	7.33ℓ	4되	창 18:6
	에 바	22ℓ	12되	출 16:36
	반호멜	110ℓ	6말	호 3:2
	호 멜	220ℓ	12말	레 27:16; 겔 45:11~14
액체	록	0.31ℓ	1.65홉	레 14:10
	갑	1.3ℓ	0.66되	왕하 6:25
	힌	3.67ℓ	2되	출 29:40
	밧	22ℓ	12되	왕상 7:26
	고르	220ℓ	12말	겔 45:14

콕 Note

얼마나 담을 수 있을까요?

밀가루 한 말, 보리 한 되와 같이 부피를 재는 단위가 성경에는 총 11개로 나와서 이것을 일일이 읽으며 이해하기는 많이 힘들 수 있습니다. 더욱이 고체와 액체를 지칭하는 명칭과 그 단위가 각각 조금씩 차이가 있어서 정확한 단위와 그 의미를 우리가 이해하는 데에 다소 힘들 수 있는데, 이러한 사실을 일목요연하게 살펴보고자 합니다.

유대인들은 고체와 액체를 지칭하는 명칭이 구분되어 있었습니다. 그래서 성경에 부피에 관련된 구절이 등장하면 이해하기 어려웠던 것입니다.

이 장에서는 고체와 액체 각각의 부피에 대해 어떻게 다른지, 구체적으로 명칭, 관련 성구들을 살펴보도록 하겠습니다.

고체

고체의 부피 단위는 성경에 총 6개로 기록되어 있는데, **'갑, 오멜, 스아, 에바, 반호멜, 호멜'**입니다. 이제부터 하나씩 살펴보도록 하겠습니다.

❶ 갑

갑은 열왕기하에 등장합니다. 아람왕 벤하닷의 군대는 사마리아를 오랫동안 포위했기 때문에 사마리아성의 백성은 크게 주리게 되고 합분태(비둘기 똥) 사분의 일 갑이 은 다섯 세겔에 거래되는 일들이 발생합니다(왕하 7:25). 1갑은 현재의 단위로는 1.3ℓ, 혹은 0.66되입니다. 1.5ℓ 페트병의 4/5 정도에 해당한다고 생각하면 쉽게 이해할 수 있습니다.

❷ 오멜

오멜은 출애굽기에 등장합니다. '… 너희 인수대로 매명에 한 오멜씩 취하되…'(출 16:16) 오멜은 현재의 단위로는 2.34ℓ, 그리고 1.2되를 나타냅니다.

❸ 스아

스아는 주로 가루와 곡식의 측량에 사용되었던 단위입니다. 스아는 약 7.33ℓ 혹은 4되 정도의 부피를 말합니다. 스아의 단위가 기록된 곳은 창세기 18장인데 아브라함은 천사를 대접하기 위해 급히 떡을 굽습니다. '아브라함이 급히 장막에 들어가 사라에게 이르러 이르되 속히 고운 가루 세 스아를 가져다가 반죽하여 떡을 만들라 하고'(창 18:6) 아브라함은 약 12되 정도의 가루로 떡을 반죽했음을 알 수 있습니다.

❹ 에바

에바는 밀가루와 보리의 양을 측량하는 데 사용되었으며, 출애굽기 16장에 등장합니다. '오멜은 에바 십분의 일이더라'(출 16:36) 하나님께서는 출애굽한 이스라엘 백성을 만나로 먹이십니다. 백성은 항아리 하나에 한 오멜의 만나를 담아 증거판 앞에 두어 간수해야 했습니다. 즉 10오멜은 1에바었고, 현재의 단위로는 22ℓ, 혹은 12되를 뜻합니다.

❺ 반호멜

반호멜은 110ℓ, 혹은 6말 정도의 부피를 뜻합니다. 성경에는 호세아 3장에 기록되어 있습니다. 하나님께서는 바람난 호세아의 아내를 한 호멜 반의 보리로 다시 데려오라고 명령하십니다(호 3:2). 이스라엘 백성은 하나님을 반역했으나 하나님께서는 끝까지 그들을 사랑하셨습니다. 호세아의 아내가 그를 배신했으나 계속적으로 데려와야 했던 까닭은 하나님의 애타는 사랑에 대한 상징이었습니다.

❻ 호멜

호멜은 나귀 한 마리에 실을 정도의 크기나 부피를 의미합니다. 현재의 단위로는 220ℓ 혹은 12말을 뜻합니다. 이는 에스겔 45장에서 하나님께 드리는 예물의 부피로 사용됩니다.

액체

액체의 부피로는 록, 갑, 힌, 밧, 고르 등이 있습니다.

❶ 록

록은 액체의 가장 작은 단위로서 0.31ℓ 혹은 1.65홉을 말합니다. 레위기에는 '…기름 한 록을 취할 것이요'(레 14:10)라고 기록되어 있습니다.

❷ 갑

갑은 1.3ℓ, 0.66되로 고체의 갑과 같은 부피라고 볼 수 있습니다. 왕하 6장 25절에서 갑의 단위를 사용한 기록이 있습니다.

❸ 힌

'… 찧은 기름 힌의 사분 일을 더하고…'(출 29:40) 여기에서 힌은 현대의 단위로는 3.67ℓ, 2되를 뜻합니다.

❹ 밧

열왕기상에는 솔로몬 성전의 기물로서 놋을 부어 만든 바다가 소개됩니다(왕상 7:26). 이 바다에는 2,000밧을 담았다고 기록되어 있는데, 밧은 22ℓ, 12되를 말합니다.

❺ 고르

마지막 액체의 단위는 고르입니다. '기름은 정한 규례대로 한 고르에서 밧 십 분지 일을 드릴지니 기름의 밧으로 말하면 한 고르는 십 밧 곧 한 호멜이며(십 밧은 한 호멜이라)'(겔 45:14) 여기에서 고르는 현대의 단위로는 220ℓ, 12말이라는 엄청난 부피를 의미합니다.

고체의 부피나 액체의 부피를 지칭하는 단위와 기준은 각기 다르지만 하나님께서는 말씀을 통해 정확한 하나님의 뜻을 계시하시고 그 뜻대로 이루시는 분이심을 우리가 잊지 말아야 합니다.

그리고 그 어떤 단위나 기준으로도 측량할 수 없는 하나님의 은혜와 사랑이 우리에게 있다는 사실을 기억하며 그 은혜에 합당한 삶을 살도록 노력해야 할 것입니다.

Section 55

성경의 길이와 거리

명칭	가치	영미식 단위	미터법 단위
손바닥 너비	6분의 1규빗 or 3분의 1뼘	3인치	8cm
뼘(span)	2분의 1규빗 or 세 손바닥 너비	9인치	23cm
규빗/ 페퀴스	두 뼘(팔꿈치에서 손가락 끝까지)	18인치	0.5m
길(fathom)	4규빗	20야드	2m
갈대(kalamos)	6규빗	30야드	3m
스다디온	8분의 1밀리온 or 400규빗	8분의 1마일	185m
밀리온	8스다디온	1,6200야드	1.5km

콕 Note

얼마나 길고, 얼마나 멀까요?

요즘처럼 길이를 재는 '자'가 없고, 거리를 측정하는 도구들도 많이 없던 시절에는 자연적, 원시적인 방법으로 길이와 거리를 측정하였습니다. 이것이 성경에도 여러 군데 등장하는데 구약성경에 나오는 길이와 거리에 대한 모든 명칭들과 그 가치를 현대식 단위로 해석하여 한 눈에 볼 수 있도록 살펴보고자 합니다.

우리가 잘 아는 진시황[1]은 중국을 통일한 이후 가장 먼저 도량형과 화폐를 통일하였습니다. 길이, 부피, 무게 등을 측정하는 기준이 지역마다 국가마다 개인마다 모두 달라 여러 가지 어려움을 겪었기 때문입니다. 통일국가에서 이것은 커다란 혼란을 야기했습니다. 상황은 고대 근동도 마찬가지였습니다. 당시에는 사람의 신체를 기준으로 길이를 측정하는 경우가 대다수였기 때문입니다. 성경에 나타난 길이와 거리의 단위들은 어떤 것들이 있을까요?

1) 진시황
중국 최초의 중앙집권적 통일제국인 진나라를 건설한 전제군주. 법치에 근거한 부국 강병책을 추진하여 춘추전국 시대를 마무리하고 군소국가를 모두 통일했다. 법령을 정비하고 군현제를 실시했으며 문자, 도량형, 화폐를 통일하였다.

규빗

규빗은 모든 길이 단위의 기준이라고 할 수 있습니다. 규빗은 창세기에서 노아가 방주를 지을 때 가장 먼저 등장합니다. '네가 만들 방주는 이러하니 그 길이는 삼백 규빗, 너비는 오십 규빗, 높이는 삼십 규빗이라'(창 6:15) 하나님께서는 규빗의 단위를 통해 직접 방주의 설계를 지시하십니다. 한 규빗은 성인의 팔꿈치에서 손가락 끝까지 약 0.5m를 의미합니다.

뼘

'길이와 너비가 한 뼘씩 두 겹으로 네모반듯하게 하고'(출 28:16) 뼘(span)은 1/2 규빗으로 제사장의 의복을 만들 때 등장합니다. 팔꿈치에서 팔꿈치 중간까지의 길이로 '23~25cm' 정도를 의미합니다.

손바닥 너비

가장 작은 단위는 손바닥의 너비를 기준으로 합니다. 1/6 규빗 혹은 1/3뼘이라고 하면 생각하기 편할 것입니다. 손가락 가장 아랫마디부터 손목 위까지의 길이를 이야기하는 것으로 약 8cm 정도입니다.

출애굽기에서는 성막의 진설병상을 만들 때 등장하는 단위입니다. '그 주위에 손바닥 너비만한 턱을 만들고 그 턱 주위에 금으로 테를 만들고'(출 25:25)

길

길(fathom)은 규빗보다 큰 단위인데 물의 깊이를 측량할 때 사용한 단위로서 약 4규빗에 해당하고 현대의 단위로는 약 2m 정도입니다. 사도행전에서는 풍랑을 만난 바울의 배가 물의 깊이를 잴 때 등장합니다. '물을 재어 보니 스무 길이 되고 조금 가다가 다시 재니 열다섯 길이라'(행 27:28)

갈대

갈대(kalamos)는 6규빗을 의미합니다. '또 내게 지팡이 같은 갈대를 주며 말하기를 일어나서 하나님의 성전과 제단과 그 안에서 경배하는 자들을 측량하되'(계 11:1) 요한계시록에서 성전을 측량하는 단위로 갈대가 등장합니다. 현대의 단위로는 3m 정도입니다.

스다디온

스다디온은 헬라의 길이측정 단위입니다. 1/8 밀리온, 400규빗이라고 볼 수 있으니 현대의 길이로는 185m 정도입니다.

'성 밖에서 그 틀이 밟히니 틀에서 피가 나서 말 굴레에까지 닿았고 천육백 스다디온에 퍼졌더라.'(계 14:20)

밀리온

밀리온은 스다디온의 8배를 의미합니다. 이는 로마에서 사용된 단위인데 로마 시민의 보폭에 해당하는 거리의 1천배로서 약 1,500m를 의미합니다.

'내 주 하나님 넓고 큰 은혜는 저 큰 바다보다…'(찬송가 408장)라고 고백하였던 것처럼 측량할 수 없는 하나님의 사랑은 우리로 하여금 변함없으신 주님의 사랑을 생각하며 감사할 수 있게 해줍니다. 비록 하늘나라 가기까지의 길이는 길고 멀지만 하나님께서 우리를 구원하시기 위해 좁은 문, 좁은 길로 인도하신다는 사실을 기억하며 천국 소망 가운데 하루하루를 감사의 삶으로 살아가는 은혜가 있기를 바랍니다.

Section 56

성경의 시간

로마식 (요한복음)	유대식 (공관복음)	시간 (현대)	성 경
제 6시	제 0시	오전 6시	요 19:14
제 9시	제 3시	오전 9시	마 20:3
제 10시	제 4시	오전 10시	요 1:39
제 12시	제 6시	오전 12시	마 20:5
제 3시	제 9시	오후 3시	마 20:5
제 5시	제 11시	오후 5시	마 20:6
제 6시	제 12시	오후 6시	요 4:6

로마식 (요한복음)	유대식 (공관복음)	시간 (현대)	성 경
오후 6시~ 오후 9시	일경	오후 6시~ 오후 9시	눅 12:38
오후 9시~ 오후 12시	이경	오후 9시~ 오후 12시	눅 12:38
오후 12시~ 새벽 3시	삼경	오후 12시~ 새벽 3시	눅 12:38
새벽 3시~ 새벽 6시	사경	새벽 3시~ 새벽 6시	마 14:25

콕 Note

유대의 시간과 로마의 시간은 달라요!

성경에 기록된 시간은 한 가지 시간이 아니고, 로마와 유대 시간으로 나뉘어 있습니다. 그리고 낮과 밤을 다르게 사용하고 있습니다.

그래서 우리가 쓰고 있는 현대의 시간과 비교해 보면 다르게 나타나기 때문에 이해하기가 어려울 수밖에 없습니다. 그래서 성경에 나타난 시간에 관한 말씀과 함께 로마식 시간과 유대식 시간과 현대의 시간을 한눈에 구분해서 살펴보겠습니다.

신약 시대에는 로마식과 유대식이 혼용되어 사용되었습니다. 요한복음은 로마의 시간으로 기록되었고, 공관복음은 유대시간으로 기록되었습니다. 현대는 로마식의 시간법을 따르고 있기 때문에 요한복음을 읽을 때에는 아무런 문제가 없습니다. '이날은 유월절의 준비일이요, 때는 제육시라…'(요 19:14) 예수님이 빌라도 법정에서 재판을 당하던 때의 시각인 6시는 지금의 시간으로도 오전 6시입니다. 예수께서는 재판 이후 3시간 동안 십자가를 지고 골고다로 올라가셨습니다. 오전 9시에 십자가에 못 박히셨고 6시간 후인 오후 3시에 운명하셨습니다.

우리를 헷갈리게 하는 것은 공관복음(마태, 마가, 누가)에 등장하는 시간입니다. 그런데 유대 시간도 어렵지 않게 이해할 수 있습니다. 유대의 시간은 현재의 시간과 6시간의 차이가 있습니다. 따라서 공관복음을 읽을 때 유대의 시간에 6을 더하면 현대의 시간으로 바뀌게 됩니다. '때가 제 삼시가 되어 십자가에 못 박으니라'(막 15:25)에 등장하는 제3시는 6을 더해 오전 9시로 이해하면 됩니다. 예수께서 십자가에 못 박히신 시간은 3시이고(유대 시간), 현대와 6시간 차이가 나므로 6을 더하면 현대의 시간으로 9시가 됩니다. 이는 요한복음에 기록된 9시와 동일합니다.

또한 유대는 낮과 밤을 구분해서 낮은 '시'로, 밤은 '경'으로 표현했습니다. 유대인들은 일몰에서 다음 날 일몰까지를 하루로 생각했습니다. 그 하루는 밤과 낮으로 구분했는데 밤은 해가 지는 오후 6시부터 해가 뜨는 오전 6시까지, 낮은 해가 뜨는 오전 6시부터 해가 지는 오후 6시까지로 나누어 사용한 것입니다. 특히 밤을 3시간 단위로 4등분하여 사용했습니다. 그 시간을 경이라고 부르는 것입니다. 1경은 해가 지는 오후 6시에서 오후 9시까지, 2경은 오후 9시~12시까지, 3경은 12시~새벽 3시까지, 새벽 3시~새벽 6시까지는 4경이었습니다.

마가복음 6장에서는 예수께서 물 위를 걸으시는 장면이 기록되어져 있습니다. '바람이 거스르므로 제자들이 힘겹게 노 젓는 것을 보시고 밤 사경쯤에 바다 위로 걸어서 그들에게 오사 지나가려고 하시매'(막 6:48) 여기서 밤 사경은 새벽 3시에서 6시까지이므로 예수님께서 물 위를 걸어오셨던 시간은 해뜨기 전 가장 어두운 시간이었습니다. 그 시간에 예수께서는 제자들을 찾아오신 것입니다.

예수님께서는 곧 오십니다. 승천하신 예수님은 '하늘로 가심을 본 그대로 오실'(행 1:11) 것입니다. 사도 요한은 '아멘 주 예수여 오시옵소서'(계 22:21)라고 기록했습니다. 우리는 때(시)를 분별하는 신앙인이 되어 부끄럽지 않은 삶을 살아가며 주님 맞이할 준비를 해야 합니다. 우리는 때와 시를 모르기 때문에 하루하루 최선을 다해 사명의 길을 달려가야 합니다.

PART 7
어디에 있을까?

길을 안내해주는 '내비게이션'이 보편화된 요즘에 다소 어색하게 느껴질 수 있는 책이 있다면 그것은 바로 '지도책'일 것입니다. 하지만 옛날에 지도는 무역, 항해, 교통, 우편, 통신, 전쟁 등의 일들에 반드시 필요했던 도구였습니다.

성경에는 수많은 지명과 땅 이름과 위치에 대한 말들이 자주 등장합니다. 그런데 지도가 없으면 이해하기 힘든 그런 부분들도 많기 때문에 이번 장에서는 지도를 적극 활용하여 그 시대, 그 당시의 상황을 정리해 보았습니다.

초기 문명 시대에 강들을 중심으로 문명이 형성되어 있던 것처럼 성경에서 강, 산, 바다 등의 지형을 파악하고 그에 따른 부족과 이방 나라들의 위치를 파악해 본다면 그 당시의 이스라엘 백성이 처한 환경을 제대로 이해할 수 있을 것입니다. 그리고 이를 통해 하나님께서 얼마나 세밀하게 이스라엘 백성을 보살피시며 은혜로 인도하셨던 사실도 다시금 깨달을 수 있을 것입니다.

예나 지금이나 우리가 서 있는 이 땅에서 하나님이 원하시는 뜻은 동일합니다. 하나님께서 주신 말씀을 통해 이번 장에서의 각종 지도를 바탕으로 한 내용들을 통해 이스라엘 백성의 발자취를 돌아보며, 언제나 함께하시는 하나님의 은혜를 되짚어 봅시다. 그리고 오늘을 살아가는 우리의 앞길에도 하나님께서 분명히 선하고 의로운 길을 예비해 주셨음을 믿고 주님과 함께 동행하며 나아갑시다.

'주와 같이 길 가는 것 즐거운 일 아닌가. 우리 주님 걸어가신 발자취를 밟겠네. 한 걸음, 한 걸음, 주 예수와 함께 날마다, 날마다 우리는 걷겠네~♪♬ -찬 456장(주와 같이 길 가는 것)-'

Section **57**

도피성

게데스(납달리 지파)

- 게데스 납달리
- 납달리 산지에 있는 갈릴리에 위치(수 20:7)

세겜(에브라임 지파)

- 신약의 지명 : 수가
- 하나님이 아브라함에게 나타나 "이 땅을 네 자손에게 주리라"고 약속한 장소(창 12:6~7; 수 20:7)

헤브론(유다 지파)

- 기럇 아르바(수 20:7)
- 가장 남쪽에 위치함(예루살렘에서 30Km)

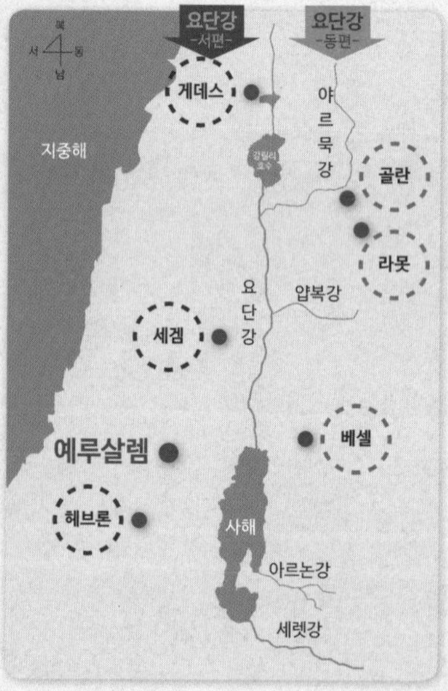

골란(므낫세 지파)

- 바산으로 알려진 지역
- 갈릴리 바다에서 동쪽으로 27Km 떨어짐
- 오늘날은 이 지역 근방을 '골란고원'이라고 부름(신 4:43)

라못(갓 지파)

- 라못 길르앗
- 갓 지파의 중요한 성벽 도시
- 요단강 동편 38Km, 수리아와의 경계선 근처에 있음(신 4:43)

베셀(르우벤 지파)

- 모압 평지의 광야에 위치
- 르우벤 지파의 성벽 도시 (신 4:43)

콕 Note

피난처 있으니

구약이 하나님의 공의와 율법만이 가득한 성경이라고 생각하면 매우 잘못된 생각입니다. 다소 딱딱하고 냉정해 보이는 면도 있지만 그런 가운데서도 하나님의 은혜와 사랑이 곳곳에 스며있습니다. 도피성[1]은 그러한 하나님의 은혜와 사랑을 느낄 수 있는 대표적인 공간입니다. 곳곳에 있는 피난처의 모습과 특징을 지도의 위치를 통해 알아보며 하나님의 뜻을 살펴보고자 합니다.

1) 도피성
도피성(city of refuge)은 부지중에 살인죄를 지은 자의 생명을 보호하기 위해 마련된 성읍입니다. 팔레스타인 어느 지역에서도 하루 만에 도피성에 이르도록(약 48Km 이내) 요단강 동서를 구분하여 여섯 개의 도피성이 있습니다.

도피성은 요단동편과 서편으로 나누어져 있는데 각각 3곳씩 총6개가 있습니다. 도피성의 목적은 '고의적인 살인 의사가 없이 우발적으로 살인한 사람'이 복수자로부터 보복을 피할 수 있도록 하는 것입니다(민 35:12; 신 4:42).

요단 동편 3곳

❶ 골란(므낫세 지파)

골란은 '바산'으로 알려진 지역으로서 갈릴리 바다에서 동쪽으로 27km 떨어진 지역에 위치하고 있습니다. 오늘날 이 지역을 '골란고원[2]'이라고 부릅니다(신 4:43).

2) 골란고원(–高原, Golan Heights)
평균 해발고도 1,000m. 다마스쿠스 남쪽에 있는 곳이며 헤르몬산(2,814m)에서 눈 녹은 물이 흘러 비옥한 토지로 채소 · 과일 · 밀 재배가 용이한 곳입니다.

❷ 라못(갓 지파)

라못은 요단 동편의 '길르앗' 지방의 중심도시로서 비옥한 고원 위에 건설된 상업, 군사, 교통의 요지입니다. 솔로몬 시대에는 12행정구역 중 하나였으며 갓 지파의 주요 성벽 중 하나로서 수리아와의 경계선에 위치합니다(신 4:43).

❸ 베셀(르우벤 지파)

베셀은 모압 평지의 광야에 위치하며 르우벤 지파의 성벽 도시입니다. 골란, 라못을 지나 요단강 가장 아래 얍복강과 아르논강 중간에 위치하고 있습니다(신 4:43).

요단 서편 3곳

❶ 게데스(납달리 지파)

게데스는 원래 가나안 족속의 수도였습니다. 이스라엘 가나안 정복 이전에 이미 성소가 있었는데 이스라엘에게 정복당한 후에는 납달리 지파에게 분배되어 납달리 게데스라고 불리기도 했습니다. 이후에 다시 레위인에게 양도되어 도피성으로 지정되었습니다(수 20:7).

❷ 세겜(에브라임 지파)

세겜은 가나안 중앙산지의 남북도로 상에 위치하고 있습니다(수 20:7). 신약 지명으로는 '수가'라 불리는 곳인데, 하나님으로부터 아브라함이 약속을 받은 장소이고(창 12:6~7), 예수님께서 야곱의 우물이 있는 곳에서 여인을 만나 예배에 대한 가르침을 주셨던 곳입니다(요 4:5~26).

❸ 헤브론(유다 지파)

헤브론은 팔레스틴의 옛 성읍으로서 예루살렘의 남쪽 30km 지점에 위치하고 있습니다. 예루살렘에서 브엘세바로 갈 때에 통하는 요충지이며 오늘날 요르단 왕국의 중요한 상공업 도시로 되어 있습니다. 이곳 주변은 비옥한 땅으로 과수재배에 적합한 땅입니다(수 20:7).

'피난처 있으니 환난을 당한 자 이리오라… 괴롬이 심하고 환난이 극하나 피난처 있으니 여호와요'(찬송가 79장) 구약 시대에 도피성이 하나님의 은혜의 상징이었다면 오늘날 우리의 도피성은 우리의 죄를 위하여 피할 길을 예비하신 예수 그리스도 보혈의 공로입니다.

이러한 주님의 보혈을 피난처 삼아 우리의 삶 속에서 참된 평안을 누리기를 바랍니다.

Section 58

12지파 가나안 땅 분배

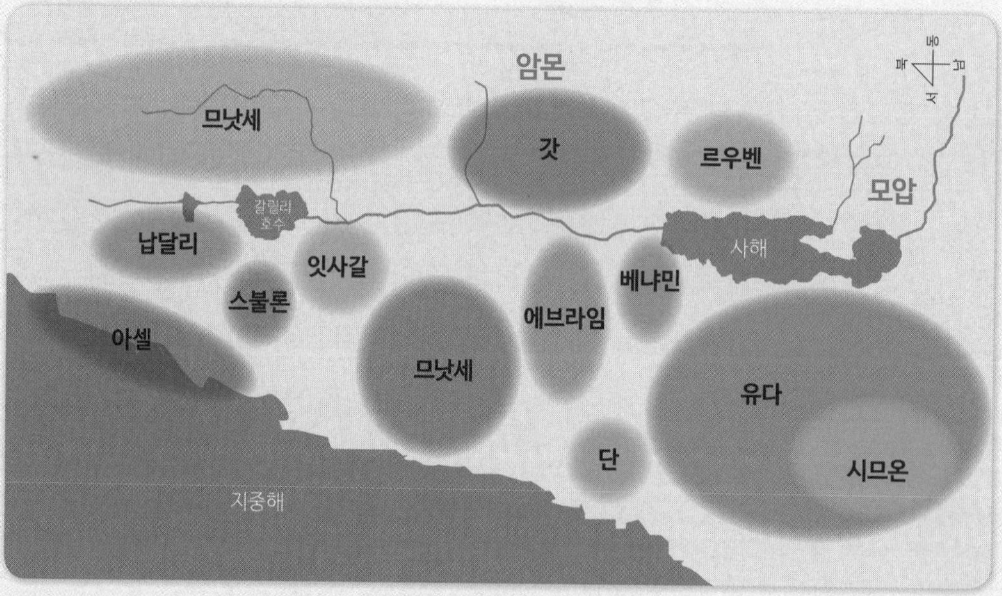

콕 Note

가나안 땅 분배를 통해 우리가 알 수 있는 건 하나님께서 작정하신 뜻대로 각자에게 필요한 분량만큼 땅을 허락하신다는 사실입니다. 이것은 우리에게 주신 은사와 달란트 또한 마찬가지이며, 주권자 되시는 하나님의 섭리 앞에 인간이 의로 내세울 것은 아무것도 없음을 깨닫게 해줍니다.

따라서 우리는 하나님께 쓰임 받는 그릇이 되기 위한 준비를 게을리하지 말아야 합니다. 하나님의 위대하신 약속을 성취할 수 있는 선한 도구, 깨끗한 그릇이 되어 장차 우리에게 허락하실 약속의 땅을 상급으로 꼭 받는 은혜가 있기를 바랍니다.

Section 59

지도로 보는 남북 왕조의 멸망

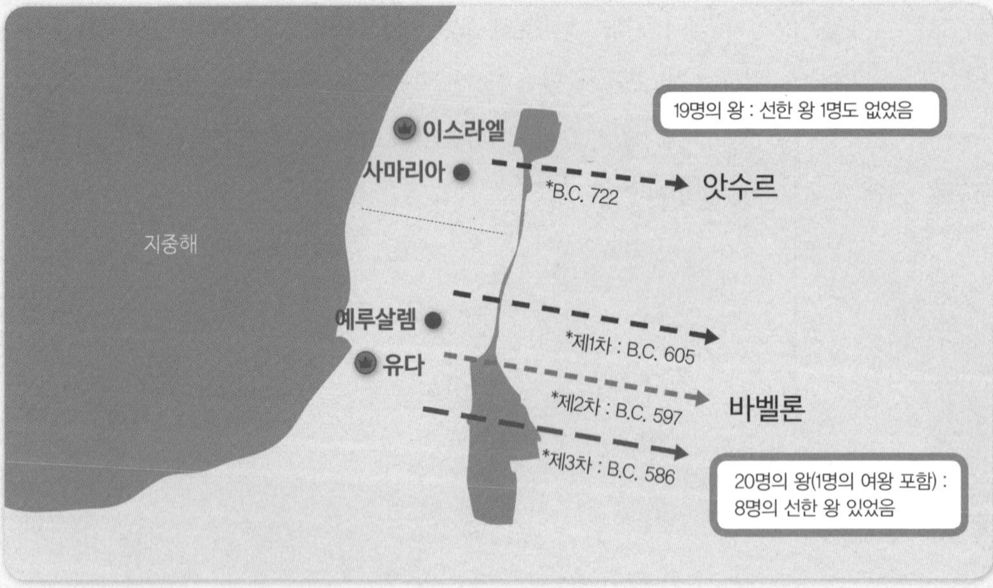

콕 Note

열왕기를 지도로 보아요

우리나라가 6.25 전쟁 이후 남과 북으로 갈라지게 되었던 것처럼 이스라엘도 솔로몬 이후 북이스라엘과 남유다로 왕국이 갈라집니다. 그 후 북이스라엘은 19명의 왕이 통치하였으나 앗수르에게 멸망을 당하고, 남유다는 20명의 왕이 있었으나 바벨론에 의해 멸망당합니다. 이제 이스라엘이 북이스라엘과 남유다로 갈라지게 되었던 때의 모습과 세 차례에 걸친 포로로 끌려갔던 시대의 내용을 살펴보고자 합니다.

열왕기하를 지도로 보면 북이스라엘은 앗수르에게, 남유다는 바벨론에게 공격을 당했음을 알 수 있습니다. 그런데 북이스라엘은 19명의 왕 중에 선한 왕이 단 1명도 없었으며 결국 B.C. 722년에 앗수르에 의해 멸망당합니다. 그리고 남유다는 바벨론에 의해 3차에 걸친 공격과 포로로 붙잡히는 일들이 일어났고 결국 B.C. 586년에 멸망합니다. 그렇다면 남유다의 세 차례에 걸친 포로로 끌려가던 시대에는 어떤 일들이 있었을까요?

제1차 포로

제1차는 B.C. 605년인데, 이때 바벨론의 느부갓네살 왕에 의해 포로로 끌려갑니다. 이때 중요 인물은 다니엘과 세 친구(사드락, 메삭,

아벳느고)인데, 이들이 끌려갔던 이유는 바벨론의 포로 정책이 똑똑한 사람을 데려가서 그 나라의 인재로 사용하기 위함이었습니다(바벨론의 포로 정책은 제1차, 제2차, 제3차 모두 동일합니다).

제2차 포로

제2차는 B.C. 597년인데, 느부갓네살이 그의 심복들을 앞세우고 예루살렘을 다시 공격하여 성전과 왕궁의 모든 보물을 약탈해 갔습니다. 이때 대부분의 유다 백성을 잡아갔으며, 그중에는 에스겔 선지자와 모르드개도 있었습니다.

제3차 포로

제3차는 B.C. 586년인데 시드기야(Zedekiah)왕[1] 때 또다시 느부갓네살이 자기를 배반한 시드기야를 징계하기 위해 예루살렘을 공격하여 마침내 예루살렘이 함락됩니다.

이때 시드기야는 이 포위망을 뚫고 아라바 광야 쪽으로 도주하였으나 결국 여리고 평지에서 바벨론 군사들에게 체포되는 신세가 되었습니다(왕하 25:4~6). 그리하여 바벨론 야전 사령부가 있는 립나로 끌려간 시드기야는 눈앞에서 두 아들이 죽임당하는 것을 목도해야 했고, 자신도 두 눈이 뽑힌 채 사슬에 묶여 바벨론으로 잡혀가 옥에서 여생을 마쳤습니다(왕하 25:7; 렘 52:11).

1) 시드기야왕
Zedekiah, B.C. 597~586년. 요시야왕의 셋째 아들, 여호아하스의 친동생, 여호야김의 이복동생, 남유다의 마지막 왕입니다(대상 3:15; 왕하 24 :18). 바벨론 왕 느부갓네살에 의해 21세의 나이에 왕이 되었으나(겔 17:11~14), 즉위 3년에 친(親)애굽파가 득세하자 선지자 예레미야의 경고에도 불구하고 주변 군소 국가들과 함께 반(反)바벨론 동맹을 결성하였습니다(렘 27:3; 52:3).

하나님께서는 선한 왕이 단 1명도 없었던 북이스라엘을 먼저 징계하시고 그 후 남유다까지 징계하셨습니다. 그들이 포로가 되고, 비참한 역사를 경험하게 된 것은 그들이 여호와 하나님 보시기에 선한 모습을 보이지 못했고, 결국 하나님의 긍휼을 받지 못하였기 때문입니다. 소돔과 고모라처럼 이 시대도 악하고 음란한 세대이지만 하나님께서는 의인을 찾으십니다.

이러한 때에 더욱 우리는 주님의 순결한 신부가 되어야 할 것입니다. 그리하여 멸망의 구렁텅이에서 구원을 받아 영광의 옷을 입고 주님과 함께 영원히 왕노릇하는 자들이 되기를 간절히 바랍니다.

Section 60

지도로 보는 포로귀환의 역사

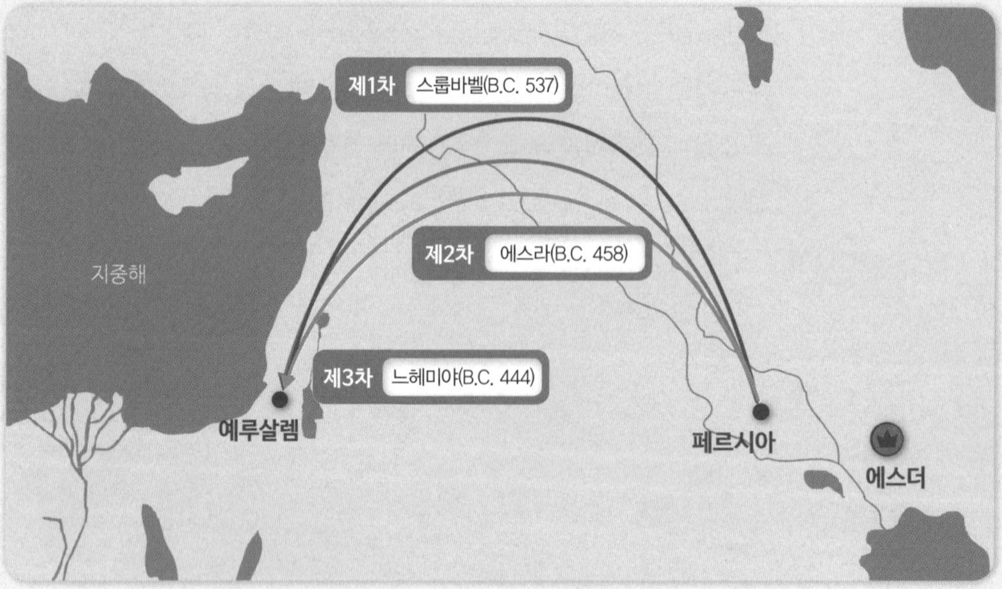

콕 Note

내 백성을 보내라!

선택받은 이스라엘도 하나님을 배반하고 말씀에 불순종함으로써 징계를 받아 결국은 예루살렘이 함락되고 바벨론의 포로가 되는 수난을 겪을 수밖에 없었습니다. 그러나 그런 와중에도 하나님께서 은혜를 베푸시어 남은 자를 준비하셨고 세 차례에 걸친 포로귀환을 통하여 회복의 기회를 주셨습니다. 이때의 주요인물인 스룹바벨, 에스라, 느헤미야, 에스더의 활동과 그 시기를 지도를 통해 알아보고 설명과 함께 포로귀환의 역사를 살펴보고자 합니다.

열왕기서에서 이스라엘 백성은 세 번에 걸쳐 바벨론 포로로 끌려가게 됩니다. 그러나 하나님께서는 이스라엘 백성을 다시 회복시키십니다. 그러한 회복의 과정은 포로 때와 마찬가지로 세 번 나타나게 되는데 순서대로 살펴보고자 합니다.

제1차 포로귀환

B.C. 537년 바사왕 고레스의 칙령에 의해 스룹바벨에 의한 제1차 포로귀환[1]이 이루어집니다. 이때 이스라엘은 남아 있는 것이 아무것도 없고 백성으로서의 정체성도 흔들렸지만, 그들의 마음속에는 여호와를 섬기는 신앙이 굳건히 자리 잡고 있었습니다. 그래서 스룹바벨은 학개와 스가랴 선지자의 도움을 받아 B.C. 536년에 성전 건축

1) 제1차 포로귀환
B.C. 537년에 총 49,897명의 포로가 돌아옵니다(일반 백성 42,360명, 남종과 여종 7,337명, 노래하는 자 200명).

공사를 시작하게 되었는데, 이때 지어진 성전(B.C. 516년에 봉헌)이 바로 제2성전(스룹바벨 성전)입니다(스 3:8~6:18).

이 제2성전을 건축할 때에 선지자 학개는 이스라엘 백성에게 하나님을 믿는다면 삶 속에서 희생과 헌신을 보이라고 강하게 권면하였습니다(학 2:1~9).

제2차 포로귀환

제2차 포로귀환[2]은 학사 에스라에 의해서 이루어집니다. B.C. 458년 아닥사스다 1세 때에 이루어진 귀환 후에 에스라는 백성의 신앙회복운동에 최선을 다합니다. 당시 제사장이면서 학사인 에스라는 금식을 선포하고 말씀 운동을 벌였으며 이방인과의 결혼으로 혼란에 처한 백성에게 회개의 운동과 함께 여호와 신앙의 순수성을 회복하도록 강하게 권면하였습니다(스 7:1~10:15).

2) 제2차 포로귀환 B.C. 458년에 총 1,754명의 포로가 돌아옵니다(일반 남자 1,496명, 레위인 38명, 성전 일꾼 220명).

제3차 포로귀환

제3차 포로귀환[3]은 느헤미야의 주도 속에 이루어집니다. B.C. 444년 아닥사스다 1세 때에 이루어진 귀환 후에 느헤미야는 바사왕 아닥사스다의 술 맡은 신하였습니다. 그는 스스로 유대의 총독이 되었고 예루살렘 성벽을 재건하는 데 힘을 쏟았습니다(느 1:1~4:6). 수많은 조롱과 어려움이 있었음에도 불구하고 느헤미야는 52일 만에 예루살렘 성벽을 재건하였습니다(느 4:7~6:15).

3) 제3차 포로귀환 B.C. 444년에 포로가 돌아옵니다(귀환자 수 통계가 없음).

지도로 보면 페르시아와 예루살렘은 결코 가까운 거리가 아닙니다. 하지만 스룹바벨, 에스라, 느헤미야, 에스더에겐 하나님을 바르게 믿는 믿음이 있었고, 하나님께서는 그 믿음과 간절한 기도를 따라 이스라엘을 회복하는 데에 큰 인물로 사용하셨습니다.

이처럼 언제 어디서나 하나님 나라와 영광을 위해서 자신의 목숨을 아낌없이 드리는 자들에게 하나님은 어떠한 큰 능력과 지혜를 공급해 주십니다. 그 능력은 어떠한 어려움도 이겨낼 수 있는 놀라운 능력입니다. 이 세상을 살아갈 때에 하나님 말씀을 강하게 붙들고 주님 주시는 크신 능력과 지혜를 힘입어 승리하기를 간절히 바랍니다.

참고 도서

가스펠 서브, 『교회용어사전』, 생명의말씀사, 2013
가스펠 서브, 『라이프 성경사전』, 생명의말씀사, 2012
김병국, 『신구약 중간사 이야기』, 도서출판 대서, 2015
노우호, 『신구약 중간사』, 하나, 2008
박찬수, 『한 눈에 들어오는 성경』, 도서출판 죠에, 2007
브루스 윌킨스 외, 『구약의 파노라마』, 디모데성경연구원, 2013
브루스 윌킨스 외, 『한 눈에 보는 성경』, 디모데성경연구원, 1999
유진소, 『성경탐구 40일』, 두란노, 2002
이영제, 『바이블웨이』, 한국컴퓨터선교회, 2014
조병호, 『성경과 5대 제국』, 통독원, 2011
케네스 E. 베일리, 『중동의 눈으로 본 예수』, 새물결 플러스, 2016
팻 알렉산더· 데이비드 알렉산더, 『성경핸드북』, 생명의말씀사, 2008
폴 라이트, 『손에 잡히는 성경 지도』, 부흥과개혁사, 2009
하용조, 『비전성경사전』, 두란노, 2001

참고 자료

장재일, 『히브리달력』, I.B.A(Israel BoB Academy)
KBS NEWS, 〈클릭, 세계 속으로〉 '이스라엘 부림절', 2013. 3. 7.

Foreign Copyright:
Joonwon Lee
Address: 127, Yanghwa-ro, Mapo-gu, Chomdan Building 6th floor,
Seoul, Korea
Telephone: 82-70-4345-9818
E-mail: jwlee@cyber.co.kr

콕! 시리즈 1 종합편

콕 짚어주는 성경풀이

2016. 8. 25. 1판 1쇄 발행
2016. 11. 10. 1판 2쇄 발행

지은이 | 이종호
펴낸이 | 이종춘
펴낸곳 | BM 주식회사 **성안당**
주소 | 04032 서울시 마포구 양화로 127 첨단빌딩 5층(출판기획 R&D 센터)
10881 경기도 파주시 문발로 112 출판문화정보산업단지(제작 및 물류)
전화 | 02) 3142-0036
031) 950-6300
팩스 | 031) 955-0510
등록 | 1973. 2. 1. 제406-2005-000046호
출판사 홈페이지 | **www.cyber.co.kr**
ISBN | 978-89-315-7973-4 (03230)
정가 | 14,800원

이 책을 만든 사람들
책임 | 최옥현
진행 | 박종훈, 상:想 company
기획 구성 | 이남혁, 이주희, 김은총
교정 · 교열 | 방세근
본문 · 표지 디자인 | 상:想 company
홍보 | 박연주
국제부 | 이선민, 조혜란, 고운채, 김해영, 김필호
마케팅 | 구본철, 차정욱, 나진호, 이동후, 강호묵
제작 | 김유석

참전한다는 조건으로 허락을 했으며 가나안 정복 후 약속대로 요단 강 동편 땅을 분배받았습니다(수 13:1~31).

제2차 분배

제2차 분배는 요단강 서편의 땅을 분배하는 과정에서 이스라엘 12지파 중 제1차로 분배받은 지파를 제외한 나머지 지파에게 분배한 내용입니다(수 14:2~5).

이때에도 제비를 뽑았는데 그 순서는 다음과 같습니다(수 15:1~19:51)[1].

① **유다** → ② **에브라임** → ③ **므낫세** → ④ **베냐민** →
⑤ **시므온** → ⑥ **스불론** → ⑦ **잇사갈** → ⑧ **아셀** →
⑨ **납달리** → ⑩ **단**

이러한 순서로 요단 서편에서 먼저 유다 지파와 에브라임 지파와 므낫세 반 지파가 제2차로 기업을 분배받게 되었습니다.

1) 장자가 아닌 유다 지파가 가장 먼저 제비를 뽑아 땅을 분배받았던 이유는 무엇일까?
장자도 아닌 유다 지파가 최초로 그 땅을 분배받은 이유는 장자인 르우벤이 아버지의 첩인 빌하와 동침한 죄로 장자권을 상실하여 유다가 이를 이어받았기 때문입니다.

제3차 분배

베냐민, 시므온, 스불론, 잇사갈, 아셀, 납달리, 단 지파가 남았습니다. 그런데 이들은 땅을 취하러 가려고 하지 않으며 지체하는 모습을 보입니다(수 18:1~3). 이에 여호수아는 그들을 책망하며 땅 분배에 필요한 미정복지의 지도를 그려 오게 하였고, 그 지도를 참고하여 여호와의 회막 앞에서 제비를 뽑아 나머지 지파들의 땅을 분배하였습니다(수 18:4~10).

이제 땅을 나눠 봅시다

어린아이들에게 세계의 여러 나라들을 한눈에 볼 수 있게 해주기 위해 '지구본'이나 '세계지도'를 보여주는 것처럼 가나안 땅을 차지한 이스라엘 백성이 어느 땅을 얼마나 차지했는지를 보려면 지도를 보는 것이 가장 이해하기 쉽습니다. 그래서 12지파로 구성된 이스라엘 백성이 7년 동안의 정복전쟁을 끝내고 정복한 땅을 어떻게 분배하였는지를 지도를 통해 살펴보고자 합니다.

가나안 땅 분배 작업의 시작은 하나님의 지시에 의해 시작되었습니다(수 14:1~2). 이때 지도자 여호수아는 하나님의 뜻이 어디 있는지를 알기 위해 여호와께서 모세에게 명하신 대로 그들의 기업을 제비를 뽑아 정하였습니다(수 14:2). 그 후 이루어진 가나안 땅의 분배는 세 차례에 걸쳐 이루어졌는데, 어떤 지파가 어느 위치의 땅을 분배받았는지를 살펴보고자 합니다.

제1차 분배

제1차 분배는 요단 동편에서 이루어졌습니다. 가나안 땅을 정복할 때 르우벤과 갓과 므낫세 반 지파는 목축지로 적합한 요단 동편 땅을 자기들에게 달라고 모세에게 청원하였습니다. 이때 모세는 그들의 군사들이 요단강 서편의 가나안 전역을 다 점령할 때까지 함께 전투에